Уређује
НОВИЦА ТАДИЋ

Ликовно обликује
ДОБРИЛО М. НИКОЛИЋ

Илустрација на корицама
Анри Мишо, Покрети под мескалином

знакови поред пута

Александар Б. Лаковић

ТОКОВИ ВАН ТОКОВА

Аутентични песнички поступци у савременој српској поезији

Рад | Београд
2004

ПОПИНИ ЦИТАТИ И ПОЗАЈМИЦЕ ИЗ МИТОЛОГИЈЕ

На знамењу ми дали име
Једног од браће
Које је дојила вучица

Старамајка ће ме целог живота
На свом ланеном влашком језику
Вучићем звати

Давала ми је кришом
Сирово месо да једем
У вука да израстем предводника

Ја сам веровао
Да ће ми очи почети да светле
У мраку

Очи ми још светле
Ваљда зато што онај прави мрак
Још није почео да пада

           Васко Попа, *Вучје очи*

Књижевна критика је сагласна са премисом да је једна од карактеристика поетике Васка Попе употреба тзв. жанровских цитата, почев од свакодневних говорних клишеа, преко обрађених молитви и бајки, па до позајмица из митолошке сфере, што очитује акрибично познавање, тумачење, као и чувствовање садржине која је у центру песникове пажње. Такав је случај и са Попином спознајом старе српске религије. Од доба паганства, преко адаптације и саображења са околином коју су наши преци населили, до синкретизма и њеног, из дубине памћења, одупирања христијанизацији, а данас и забораву, иако то чини и подсвесно.

Наиме, док критичари илуминирају нпр. присуство вука у Попиној поезији, као да говоре о времеплову вука у одори паганског митолошког појма. Стајне тачке Попиног и паганског вука су на истим координатама. Утемељени су у аналогним представама и предрасудама, као и у визијама и метафорама. Међутим, Попа сегменте и рудименте паганских претпоставки доводи у функцију међусобне игривости из којих варниче нове семантичке спојнице до наших дана и до наших судбина и усуда, антиципираних и пророкованих пре свега изворним кодом из доба паганства још. Што је посебан значај поетике Васка Попе. Али, треба се вратити иницијалној спознаји Попине уроњености у традицију, што је и тема овог текста, и нужно је устврдити, на самом почетку, да је скаска о Попином вуку исто што и скаска о паганском вуку и утицајима времена које је претрпео, као и српски тежак, по сугестији самог песника. Значи, искорак је управо у том контексту, метаморфози и асоцијацијама појединца и његовог митског колективног представника, као процеса који и даље траје, али га ми, нажалост, игноришемо.

Вук

Свакако да је Васко Попа свестан да у народној религији Срба, као и код осталих Словена, најважније место међу свим животињским врстама припада вуку. Не само што је реч о тада најзаступљенијој животињи у нашој северној постојбини, него и због изражене опасности, коју је вук представљао за наше претке. Вук је у очима српских сељака одувек био опасно, натприродно и демонско биће, које је изазивало страх. Ниједна од демонских животиња није заслуживала, у старом српском па и словенском паганизму, тако велику и поштовану функцију као вук.

Наднаравна моћ вука, истовремено је и одбијала и привлачила српског тежака. Пажљиво је избегавао сваки корак и поступак који су водили вуку у сусрет. Ни име му није смео изговорити, из страха да га не дозове. Отуда називи за вука: непоменик, ноћник, каменик, онај из горе.. И бојазан од освете, чак и убијеног вука, односно његове душе, по запамћеним предрасудама, захтевала је забрану убијања вукова, која се строго поштовала. Истовремено је српски сељак покушавао да упозна натприродну снагу вука. Да је стави под своју контролу, али и да је употреби. На пример, именом Вук у породицама у којима је умирао пород, по распрострањеном веровању, призивала се моћ саме животиње. И заштита од урока, болести и вештица, коју је вук, претпостављали су, поседовао.

На самом почетку, вук је за све словенске народе био неприкосновен, забрањен и обележен. Табуиран, дакле. Временом постао је тотемска животиња. Испуњавао је све захтеве које је дефинисао Саломон Ренак у књизи: *Cultes, mythes et religions* печаћеној у Паризу. А то су: тотемске животиње се не убијају и не једу, а сахрањују се као и човек. Затим, фигуре и слике тотема штите племе. И Попину књигу *Вучја со* у Нолитовом издању *Дела Васка Попе* штити глава вука као знамење књиге, коју је према песниковој замисли нацртао Милан Блануша.

Обележавање празника појединих животињских врста, као и приношење жртве, макар и у виду хране и пића (нпр. у песми *Поклоњење хромом вуку*: „Прими моје сиротињске дарове / Хроми вуче"), полазне су тачке ка закључку да су те животиње, међу њима и вук, имале свој култ. На основу обреда, сачуваних и однегованих до данас, сведочи и Попа да вук и даље има свој тотемски углед, иако између њега и човека одувек владају тишина и ћутање (нпр. „Испиши ми канџом на челу / Небеске црте и везе / Да стасам у тумача твога ћутања" у истој песми).

Дакле, једна од значајних карактеристика паганства, извесна и песнику, јесте тотемизам, чије корене уочавамо у размишљању и убеђењу уплашених тадашњих примитивних народа и племена да могу водити порекло од неке животињске врсте. Да су сродници тих животиња. Да су, посредно, исто што и они и њихова моћ. Сваки је народ био везан или изједначаван са неком животињом, као са својим претходником. Али, и када су народи напуштали тотемизам, љубоморно су сачували своја наивна веровања. Тако да је Константин Јиречек, био у стању да са успехом, ретроактивно, сачини симболички каталог (*Staat und Gesellschaft im mittelalterlichen Serbien*)[1], у коме је, на основу унутрашњих и религијских веза између племена и животиња, тражио и проналазио за сваки народ (из нашег тадашњег окружења) његов анимални еквивалент[2]. Тако се за Србина каже да је вук. Да је митски сродник и предак, односно митски представник српског народа и његов пастир. О томе илустративно и недвосмислено говоре и сами наслови циклуса из Попине књиге *Вучја со*, а они су: *Вучја земља*, *Молитва вучјем пастиру*, *Похвала вучјем пастиру*, као и *Поклоњење хромоме вуку* и *Трагови хромога вука*. За поуздане сведоке могу

---

[1] Веселин Чајкановић, *Неколике примедбе уз српски Бадњи дан и Божић*, у ГНЧ 34, 1921, стр. 274.

[2] По Јиречеку за Грке се претпоставља да је њихов митски представник лисица. За Бугарина је то бик. За Турчина змија. За Немца орао, а за Татарина хрт, док је за српски народ то вук.

прозвати и Попине стихове из циклуса *Похвала вучјем пастиру* обгрљене рефреном преузетим из богослужбених записа:

> Радуј се вучји пастиру
>
> Летимо ти у сусрет
> Да ти погледамо у очи
> И своју искажемо радост
>
> Радуј се вучји пастиру

И Васко Попа, као и његови читаоци, морали су прихватити замисао да су Срби одвајкада веровали да су исто што и вукови. Не само за живота. Него и после смрти. Чак су и духови имали вучји облик. Вуку је, у то доба, придавана и моћ сеновитих животиња (вук је фигурирао као инкарнација предака). Веровао је српски народ да између њега и вукова нема разлике. Да их спаја мистичко сродство, али и необичан узајамни однос који слути и моћ исходишта, као што је у већ прозиваном Попином циклусу *Трагови хромога вука*:

> Негде на средини
> Између земље и неба
> Остаје му огромно усијано срце
>
> Светли нова црвена звезда
> И чека своје житеље.

Српски тежаци не само у фигуративном говору (један другога су поздрављали вуком приликом сусрета у шуми), него и у веровањима и религијској пракси, идентификовали су се са вуком. Врчевић Вук је забележио индикативан поступак при рођењу детета, за које се очекивало да је изложено уроцима. А то је да бабица са кућног прага гласно објави: „Роди вучица вука, целоме свету на знање, а вучићу на здравље"[3]. А Натко Нодило наводи и успаванку („Нине, сине, вуче и бауче. Вучица те у гори родила. С вуковима, сине, отхранила")[4].

Посебну важност, коју је апсолвирао и песник Васко Попа, завређују лековита и одбрамбена моћ, придаване вуку. Стих : „Вуку вуче ране зализује" из песме *Вук Купиновић и Дели бег Гром* илуструје исцелитељско својство вука, као специјалног презерватора српског народа. Улогу апотропајона проналазимо у уобичајеним описима наших епских јунака, који на глави носе вучју капу. Да она има заиста заштитни и магични циљ, потврђује и очигледна Попина сагласност и представа да се, по правилу, прави од три вука у песми *Поклоњење хромоме вуку*:

Дај да ти приђем
Хроми вуче

Дај да ти ишчупам
Три   чудотворне длаке
Из твоје троугласте главе.

И Милош Обилић је уживао заштиту вука. На руци је имао младеж, из којег је израстао бич од вучје длаке.

Није била непозната Попи ни чињеница да се моћ вука преносила и на друге засебне делове његовог тела. Тако су зуби, канџе, кожа и длаке, у виду амајлија, нудили наивним словенским племенима лек и сигурност. Изузетну улогу у том домену имао је вучји зев (кожа обрезана око вучје чељусти), кроз коју су, наши преци, провлачили угро-

---

[3] Вук Врчевић, *Низ српских приповиједака Вука Врчевића већином о народном суђењу по Боки, Херцеговини и Црној Гори*, Панчево, 1881, стр. 73.

[4] Натко Нодило : *Појезда, Пријезда и Зора,* у књизи, Натко Нодило, *Стара вјера Срба и Хрвата,* Сплит, Логос, 1981, стр. 198.

жену децу. Као кроз неки зачарани круг, који је обезбеђивао уклањање свих непознатих сила из околине. У том су контексту стихови Васка Попе: „Надахни ме огњем из чељусти / Да пропевам у твоје име" или „Дај да ти приђем / И не плаши ме светим зевањем". Поседовање жељених и необично важних карактеристика вука, првенствено његове отпорности и имуности, покушавали су да досегну српски сељаци и већ поменутим давањем имена Вук. Тако је име добио и Вук Караџић. И не само он.

Хроми вук

Ближе одређивање битних одлика вучјег божанства враћа нас предусловима који су, несумњиво, утицали на формирање старог српског, па и словенског божанства. Међу тим предусловима је веровање нашег народа да свака животињска специја има свог предводника, односно свог цара, који је морао поседовати натприродна духовна и физичка својства. Такав је и Попин доживљај вука који „носи на леђима / Црну орлушину / И с њом небом лети". Имао је, прво, животињски облик у доба териоморфних демона и божанстава. Док је касније попримао људски облик (антропоморфни период). У почетку привремено, а са упознавањем сопствених могућности, и стално. И вукови су имали свог старешину и свог заштитиника. То је хроми вук. Који и данас има своје празнике. Приносе му се жртве. И, коначно је ушао у легенде које трају до нашег памћења. О упућености Васка Попе са овом констатацијом довољни су већ помињани наслови циклуса из књиге *Вучја со*, а то су: *Молитва вучјем пастиру, Похвала вучјем пастиру, Поклоњење хромоме вуку* и *Трагови хромога вука*.

Инвалидитет је, иначе, недељива карактеристика божанстава мртвих (божанстава доњег света) и у другим митологијама и народима. Германског Водана и словенског Велеса предања дочаравају као једноока божанства, а грчког Хермеса називају троглавим, док је Тир неспособан у једну руку.

Ни Васко Попа није променио прволиког хромог вука, обично описиваног као старог, неугледног и немоћног, што је било само варка и привид. Напротив, поседовао је натприродну потенцију. Сем тога, он је сазивао повремено сво вучје братство. Делио им храну, али и обавезе, како и доликује вођи. Дакле, предводио је остале вукове. Отуда датира назив вучји пастир или вучји чобанин као жељена и преносива функција, што није промакло ни песнику Васку Попи („И угризи ме за леву руку / Да ми се поклоне твоји вукови / И да ме за пастира извичу"). Иако поједина, до данас, запамћена, предања раздвајају хромог вука од вучјег пастира, наш народ је, без резерве, веровао у њих односно њега. Али, и тада им је заједничко, да предводник обавезно храмље.

Са елегичном интонацијом Попа евидентира да је процес похришћавања словенских народа извршен релативно брзо и без великих и очекиваних процеса. Али, да су са примањем хришћанства, главни атак трпела најзначајнија божанства паганског света. Остала божанства, демони, као и култови и митови изборили су свој опстанак, уз незнатан преображај.

Поједини божански митови из паганских времена сачувани су до данас. Са битним изменама, подразумева се. И у форми прилагођеној новим условима. Дабог је тако супституисан новим, значајним свецима (свети Сава, свети Јован, свети Ђорђе, свети Арханђел и свети Никола). То је један од образаца поступне елиминације паганских богова, а други је груба негација и потирање њихових дотадашњих одлика. На пример, Дабог, старински национални бог, када су Срби примили хришћанство, проглашен је за демона зла. Еквивалента ђаволу, по имену Даба, тачније хроми Даба. Међутим, Дабог је и данас, мада скромно, заступљен у личним именима, презименима, као и у топографским одредницама.

У српској традицији Дабог је био и бог вукова, што га карактерише као хтонично божанство (за разлику од руског Дажбога који је соларног порекла), јер је вук инкарнација душе наших предака. То значи да је хроми Даба заправо старо српско, вероватно и свесловенско, вучје божанство. Божанство доњег света. Попин се, пак, хроми вук као предводник и божанство није задовољио само лагумима мртвих, већ је истовремено и соларно божанство. Ово двојство затичемо у циклусу *Трагови хромога вука*, и то у другој песми:

И сам себе дели
На две живе половине

Једна му половина леже под земљу
Друга на небо узлеће

као и у завршној, која је у ствари преузета из сачуваних митолошких записа:

Хода светом хроми вук
Једном ногом небо гази
Осталима земљу

Међутим, ни хроми вук није пристајао на овакву једносмерну и поједностављену метаморфозу. Црква, иако савремено и добро организована, није успела да га потпуно елиминише из веровања српских и свих словенских тежака. Ни из бројних и врло живих легенди, које су се ноћу причале или певале око ватре још у словенским племенским групацијама и заједницама, као што је то у трећој песми Попиног циклуса *Трагови хромога вука* из књиге *Вучја со*, која започиње дистихом: „На запаљеним гуслама / Хроми вук под земљом лети", а окончава се: „Гусле под њим јече / Бљују ватру / И гутају помрчину". Изборио се, ипак, хроми вук да, попут Дабога, буде замењен поштованим новим свецима (светим Савом и светим Мратом првенствено), јер и они поседују моћ да о своме дану окупе вукове и поделе им храну.

Приче, скаске, легенде и култни обичаји, који још увек у завидном броју трају, наводе нас на закључак да је свети Сава очигледно, по представама наших претходника, пренео на себе, из српског паганства, и функцију вучјег пастира. Примери за такав суд су Попини стихови из циклуса *Савин извор* из књиге *Усправна земља*: „Поји жедне вукове", „Дозивају га вукови", „И дозива гладне вукове", као и сам наслов песме из истог циклуса *Пастирство светога Саве*. А улога вучјег предводника је временом прерасла у извесно путујуће божанство. У улогу исцелитеља и просветитеља, који уноси ред, мир, културу и благостање, па и светлост, свакако, у српске колибе. Дубоко укорењена у српске предрасуде, паганска навика, да се верује само у националног бога, знатно је допринела да свети Сава повремено и дискретно бива супституент и за самог Исуса, не само по убеђењу наших предака, него и по песнику Васку Попи, што илуструје и истоимени циклус, нарочито песме *Живот светога Саве*, *Ковачница светога Саве*, *Свети Сава на своме извору*, као и *Путовање светога Саве*, која у себи садржи и библијски мотив из Христовог животописа:

> Пере шапе својим вуковима
> Да трагови мрачне земље
> На њима не преживе.

Цитати и позајмице

Уводни текст у овом обиму, изгледа, можда, неоправдано дуг и непримерен, може код читаоца изазвати недоумицу, јер између Попиног поступка као кључне речи овог текста и митолошке слике вука постоји знак једнакости. То је стога што је Васко Попа песник чији поступак претпоставља упознавање суштине тематике, којом се бави. Чији поступак изискује поптуно апсолвирање, као и веровање у свој мотив. У овом примеру, то је обимна грађа старих српских религијских и митолошких предрасуда о вуку (односно мита о вуку), скупа са обиљем култова, тотема, скаски, легенди, басми, бајања... Али, не само њихов глобалан однос и узајамност, временски обсервирани, него и сами детаљи и слике које проналазимо у стиховима Васка Попе. Управо из таквог стања песме песник онеобичи и песму и читаоца и преживеле митолошке мотиве доводећи их у присан, врло живахан асоцијативан, па и ангажован контакт са временом и простором који су нам досуђени. Уз обавезно упозорење на потискивање у „нетраг, невид и нејав" које доносе стихови: „И не буљи више у срушени свој кип / Хроми вуче" у једном од *Поклоњења хромом вуку*.

Поменули смо, већ, и други разлог, јер, како Радивоје Микић с правом тврди, „Попа се није либио да стара српска религијска и митолошка веровања, унесе као подтекст у поједине своје песме и у циклусе песама (нпр. у књизи *Усправна земља*), али и у читаве књиге песама"[5], као што је у песничкој целини *Вучја со*. Примери су, заиста, и очигледни и бројни. На пример, циклус песама *Савин*

---

[5] Радивоје Микић : *Жанровски цитати у поезији Васка Попе*, у књизи *Поезија Васка Попе, зборник радова*, Београд, Институт за књижевност и уметност, Вршац, Друштво Вршац лепа варош, 1997, стр. 134.

извор се заснива на предању да је свети Сава, путујући светом, ударом штапа о земљу или у камен отварао изворе у пределима где је владала суша. У песми *Путовање светога Саве* уграђена је, без скривања, народна прича *Постанак мачке и реке Саве*. Затим, очита је и необично учестала, употреба значајних Чајкановићевих записа о Дабогу и вуку.

Коришћење учесталих жанровских цитата је препознатљивост поезије Васка Попе, независно од тематске одреднице. Кад је реч о миту о хромом вуку, у питању су наводи из богате и садржајне фолклорно-митолошке сфере. Они су образац за градњу зачудних слика, слика заснованих на особеној алогичности, наставља Микић и парафразира Растка Петровића да такве слике могу послужити да се природа и људи узајамно симболизирају и уједно подсећају на њихову ранију симболизацију[6].

На овај начин не проналазимо само оправдање за овако конципиран увод, него и кључ за читање и тумачење поезије Васка Попе. Односно неразумевање и конфузију, уколико се пренебрегне или не спозна ова значајна одлика његовог аутентичног стваралачког чина. Или, пак, не доживи, у правом светлу његов свет певања и интересовања.

А заслужују то. И песник. И тема.

Вучје божанство

Наслов циклуса *Поклоњење хромом вуку*, као и обраћање „молим ти се стари мој хроми боже" у првој песми поменутог циклуса дефинишу хромог вука као старо српско и словенско териоморфно божанство. Потврду о прихватању хромог вука за родоначелника, праоца и бога су упечатљиви у По-

---

[6] Растко Петровић, *Дела Растка Петровића: есеји и чланци, књига VI*, Нолит, Београд, 1974, стр. 296.

пиним стиховима. На пример, поклоњење свом божанству („Четвороношке пузим пред тобом / И урлам у твоју славу") или метаније пред својим претком и исповедником („Простро сам се пред тобом / Дај ми режањем знак да се дигнем / Хроми вуче"). Затим, приношење жртава (у храни и другим симболима) је својеврстан покушај и напор приближавања и склапања пријатељства до срамежљиве идентификације са божанством („Прими моје сиротињске дарове / Хроми вуче .. И не растурај их божанским репом").

Издвојен Попин лексички избор упућује на закључак да се време језика Васка Попе креће од садашњег ка прошлом. Ка прапретку. „Ка себи бившем", бришући „дистанцу између митског и садашњег времена"[7]. Речи, односно симболи који нас враћају у праотачко време и прерушавају у мит о вуку као заједничком словенском божанству заиста су учестали. И доминирају Попиним односно митолошким вокабуларом.

На питање који се дарови приносе хромом божанству песник Васко Попа одговара у књизи *Вучја со* и то и циклусу *Поклоњење хромом вуку*:

> Носим ти на плећима гвоздену овцу
> И гутљај медовине у устима
> Да чељусти забављаш
>
> И мало живе воде на длану
> Да се у чудима вежбаш
>
> И венац перуника
> Исплетен по мери твоје главе
> Да не заборавиш ко си

---

[7] Љубинко Раденковић: *Вучја тема у поезији Васка Попе*, у књизи, *Поезија Васка Попе, зборник радова*, Београд, Институт за књижевност и уметност, Вршац, Друштво Вршац лепа варош, 1997, стр. 183.

И узорак најновијих вучјих гвожђа
Да их добро проучиш

Дакле, то су: „гвоздена овца" (у нашем веровању гвожђе има улогу заштитника од демона, док је овца благословена животиња), „гутљај медовине" (мед је у српској митологији јело богова и покојника и има посебну улогу у културу мртвих), „жива вода на длану" (воду су наши преци замишљали као живо биће, које извире из земље и делом одлази у пакао и тамо гаси ватру) и „узорак вучјих гвожђа". У овој песми није изостављена ни позната „перуника", за коју се у паганству претпостављало да штити кућу од грома и имала је видну улогу у неговању култа бога Перуна – громовника.

Изузетна згуснутост митолошких појмова и метафора присутна је у истоименој књизи у замишљеној моћи хромог вука да „подигне камен са срца" (у камену се налазе душе наших предака, али има и значајну функцију у везама између неба и земље) и претвори га „у сунцоносни облак" (сунцоносни облак није ништа друго до теофанија бога по убеђењу српских тежака); затим „облак у јелена златорога" (јелен је, по Натку Нодилу, зооморфоза божанства и симбол Сунца које се ближи зениту)[8]; „јелена у бели босиљак" (босиљку се у српској митологији придавала значајна мистична моћ, пре свега заштитна); „босиљак у шестокрилу ласту" (ласта је соларног порекла, а број шест означава дан стваралаштва); „ласту у жар-змију" (жар-змија је, по памћењу наших предака, божанство ватре, а бог ватре код Словена је громовник Перун) и „змију у алем-камен". Заиста врцав низ. Галерија слика. Огрлица значења.

---

[8] Натко Нодило: *Сунце*, у књизи, *Стара вјера Срба и Хрвата*, Сплит, Логос, 1981, стр. 211.

Међутим, наведени митолошко-религијски појмовник, само из једне песме, води хромог вука ка универзуму неба и монотеистичком божанству. Од хтоничних ка соларним сликама и појавама, кроз христијанизацију, наравно. Што је, важно је нагласити, извесно померање вучјег божанства доњег света из српске митологије ка метафорама и атрибутима неба („И сам себе дели / На две живе половине / / Једна му половина леже под земљу / Друга на небо узлеће"). Те хроми вук запоседа нове координате у Попином тумачењу старе и српске и словенске паганско-фолклорне баштине („Хода светом хроми вук / Једном ногом небо гази / Осталима земљу").

У овом контексту и тренутку интересантно је проговорити о још једној неуобичајеној али врло значајној и свеприсутној карактеристици стихова Васка Попе, тј. о сложености семантичке компоненте у поетском чину овог песника. О узајамности амбивалентних митолошких представа. О валенци ноћи и дана. О приближавању земље и неба. О памћењу и заборалу. О блискости хромог вука, вучјег пастира и Дабога. А упориште им проналазимо у обраћању вуку у облику молбе :

Врати се у своју јазбину
Хроми вуче

И тамо спавај
Док ти се длака не промени
И док ти не никну нови гвоздени зуби

Спавај док се кости мојих предака
Не расцветају и разграњају
И пробију земљину кору

Спавај док ти се јазбина не затресе
И на тебе сруши

Спавај док те твоје племе
С оне стране неба завијањем
Не пробуди

Врати се у своју јазбину
Походићу те и дворити у сну
Хроми вуче

Вучји пастир

Васко Попа, као истински зналац старих словенских предрасуда, сагласан је са опаскама Веселина Чајкановића да се иза култова појединих православних светаца крију остаци знатно старијих веровања о заборављеним божанствима раније митологије. Сагласан је и са претпоставком да је териоморфно божанство у лику хромог вука, касније антропоморфизирано и постало вучји пастир, чије су функције и својства временом пренета на светог Саву („И дозива гладне вукове / / Са врха крушке баца им листове / Пуне црвених дугогратих слова / И белих јагањаца"). Илустративни су и стихови у песми *Пастирство светога Саве* који:

Поји жедне вукове
Густим каменим млеком
Што се у седам дугиних боја прелива

Јаки зуби и тајна крила
Од каменог млека расту.

У „молитвама" и „похвалама вучјем пастиру" тачније светоме Сави, песник се користи препознатљивим реторско-реторичним рефренима („молимо ти се вучји пастиру" и „радуј се вучји пастиру / Радуј се златно памћење / Нахватано на нашим костима") из средњовековних житија и похвала.

Зашто?

Зато, што у Попином координантном систему српске митологије, за разлику од Чајкановићевог искуства, вучји пастир у даљој пројекцији светога Саве, јесте не само божанство подземног света, него и небески бог. Стога не чуде парадигматични атрибути божанства у песми *Свети Сава* :

> Око његове главе лете пчеле
> И граде му живи златокруг
>
> У риђој му бради
> Засутој липовим цветом
> Громови с муњама играју жмурке
>
> О врату му вериге висе
> И трзају се у гвозденом сну
>
> На рамену петао му пламти
> У руци штап премудри пева
> Песму укрштених путева
>
> Лево од њега тече време
> Десно од њега тече време
>
> Он корача по сувом
> У пратњи својих вукова

У питању су, значи, атрибути божанстава из прасловенске религије: вериге, петао и вукови, а ту су и липов цвет, гром и штап. На основу чега је Дамњан Антонијевић закључио „да свети Сава у Попином објављењу нема хришћанску моћ, већ паганске, чак и тотемске црте"[9], јер су вукови његова моћ и обележје његове светости. Мада, стихови:

---

[9] Дамјан Антонијевић, *Мит и стварност*, Просвета, Београд, 1996, стр. 163.

Из опседнутих брда
Дозивају га вукови
Са кичмом у пламену

Пружа им змијоглави штап
Да му допузе
Спокојни до ногу

са правом нас упућују на време Мојсијевих чуда (претворити змију у штап) и смисао жртвовања и милосрђа. Након чега је могуће својство узношења над животним спореностима и ситницама. Чему, заправо, сви тежимо. И мирјани. И вукови. Да будемо узнесени из доњег света и ништавила. Од подземних демона смрти до соларних простора и бића. Од заборава до вечности, што бележе и стихови Васка Попе („Преломи на троје свој штап / Начини од њега трокрилног орла / И узнеси нас одавде / / Узнеси нас у сазвежђе / Великог вука"). А вучји пастир је у стању, надамо се и верујемо песнику, да то и може учинити, и због аналогије са већ помињаним библијским мотивом „прања ногу" који је преображен у „прање шапа" својих вукова. Штавише, свети Сава („риђа сенка нагнута над нашом радошћу") „Путује без пута / И пут се за њим рађа" или „Путује по мрачној земљи / Штапом пред собом / Мрак на четворо сече".

У обраћању вукова свом заштитнику и предводнику, као праоцу („Не остављај нас овде саме ... Раствори у нашој крви / Мирисну своју премудрост / Сву од соли над солима"), Попа успева, кроз различите историјске периоде, да прикаже судбину и усуд вукова. Немоћних да се одупру новим најездарима. Јер су се „Истргли из својих шапа / Ишчупали из својих зуба / Изишли из своје коже". Јер су почупали своје корење и заборавили своје прво лице. У таквој незавидној атмосфери једино је преостала молба свом верном божанству:

Молимо ти се вучји пастиру

Нахрани нас из руке
Да не ждеремо сирову земљу
И лочемо сопствену крв

Створи нам мало места на рамену
Да не спавамо далеко од себе

Немоћ потиче од несигурности и незнања. Вукови нису у стању да протумаче провиђења и знакове, које им пастир повремено упућује. На пример, „На дну воде / Сија биљурна вучја глава / Са дугом у чељустима / / Умивање овом водом / Лечи од сваке смртобоље". Не могу себи да објасне сан зачудни у коме хроми вук „на роговима младог месеца на глави ... носи ... земљу нашу девичанску ... у небеску јазбину". Недоступан им је одговор на питање: „Отима ли је од нас оче / Или је напросто спасава".

Вукови су пролазили (и данас пролазе) и кроз временска раздобља очаја и безнађа. Тада, следи депримирано и сетно обраћање свом идолу и родоначелнику : „Дотуци нас или нас прихвати". Заиста чуди слоган – „дотуци нас", непримерен средњовековним христијанизираним „молитвама" и „похвалама". Међутим, објашњење и оправдање се крије у наставку песме, односно у реалистичкој слици вукова који су „одрани обогаљени и обезглављени".

Вукови, осим себе, имају још једног непријатеља. У Попиној поезији они су у „обручу псоглаваца". Око њих су лавеж, псовке, каменице, бакље, бодежи, вукождери и хајкачи као традиционално супростављен свет вуку.

Спасење, односно узнесење омогућава једино чудо и наднаравна моћ заштитника и божанства („Летимо ти у сусрет / На твом ископаном штапу").

Након приказа судбине вукова, питамо се није ли то и ламентација над нашим судбинама, у оправданим слутњама Васка Попе.

Огњена вучица

Попин митолошки свет у својој уобразиљи и асоцијацијама са допунским семантичким набојем открива ново биће. Огњену вучицу. Женско вучје божанство, са тенденцијама преласка у соларно („Лежи / У подножју неба"). Мајка је природе („Кроз њене жиле урлају реке / У очима јој језера севају / / У њеном ... срцу / Руде се топе од љубави"). Мајка је вукова и богова („Доји ме сенка старе вучице"). У блиском је сродству са божанством огња („Тело јој од живе жеравице"). Она је Огњена Марија. Сестра светог Илије Громовника, христијанизираног Перуновог наследника.

И огњену вучицу, попут бројних светаца и божанстава, вребају опасности. И на земљи. И под земљом. И на небу. Прете јој понижења и безразложна мучења. Батине, жеђ и глад. „Вучицу затварају / У подземни огањ ... Хватају је у челичне замке". У такмичењу да јој се нанесу што теже моралне увреде и бол, доминирају деструктивне претпоставке („Секу је на комаде"). Али уз претходно лишавање наднаравних својстава заштите и одлика божанских бића:

> Скидају јој с њушке златну образину
> И чупају тајну траву
> Између бедара.

Кулминација омаловажавања и субверзиивне енергије је у ништењу фундаменталних начела духа и морала. Морбидну похоту, у тим тренуцима, реализују пси – вучји смртни непријатељи („Хушкају на њу везану / Псе трагаче ... Да је обешчасте").

Међутим, огњена вучица поседује моћ, недокучиву природи. Ван вучјих погледа и сазнања:

> Вучица одсеченим језиком захвата
> Живу воду из чељусти облака
> И себе поновно саставља.

Затим се и прочишћава („И псећи пепео с тела спира").

Након свих страданија, женско вучје божанство се спасава, како и приличи божанствима, уз помоћ небеских знамења и појава: „Вучица се зубима хвата / За плавокосу звезду / И себе у подножје неба враћа ... Према појилу репатих звезда" (звезда и појила су симболи живота и душе). Она се не зауставља у подножју неба. Наставља да се пење на само небо („Диже се заједно с вуковима ... Диже се полако / Између поднева и поноћи ... Према бистрој тачки на врху неба").

По промисли Дамњана Антонијевића, узнесење огњене вучице не означава само победу небеског над подземним. Светлости над мраком. Него и уочен прелаз хтоничног у соларно божанство. А можда и „прелаз паганског културног тренутка у хришћански"[10].

Вучје копиле

Иако су тачке ослонца поезије Васка Попе учворене у структуру словенских митова и народних предања, песник је време и простор своје песме лоцирао у наше време и просторе, са последицама којима су они детерминисани (нпр. заборав своје прошлости што је равно губитку сопствености, алијенација, ни-

---
[10] Исто, стр. 238.

хилизам, егзистенцијална апорија, фрагментација). Зато су осим светога Саве, хромог вука, вучјег пастира, па и самог вука, који кореспондирају по дубини са свим нашим временима и просторима, песнику неопходни досада непознати односно неозначени иако присутни ликови, као што је то вучје копиле, које је у правом смислу речи изданак нашег времена, али из корена прастаре нам религије.

Да су вукови, као и ми данас, окружени вечитим опонентима које детерменишу демонске функције, уочавамо из рефренског стиха „Лајете лајете" у циклусу *Вучје копиле* у књизи *Вучја со*, а принудно одрицање и себе и оца и праоца у тростиху:

> Да пузим натрашке
> И полижем све очеве трагове
> Који су ме овамо упутили

Шта му је „рођеном у вучјем цвећу" чинити „у страху да не остане сам" на овом „обесвећеном огњеном пољу" до да „говори сам са собом" и „Кује старо гвожђе / И отпатке месечине" и „Гори од жеље / Да пронађе ковину / Од које му „је ланац искован". Да не би опстанак угрозио он или ми „младе вукове" или „репате своје синове" скрива(мо) „преко дана ... у јазбини" који у исти мах „гледају ... ћуте и уче". Призива и „братско сазвежђе Седам Влашића" као битно митолошко обележје Словена, који предрасуде наших предака доводе у везу са душама умрлих. Ишчекује он дан када ће бити довољан само „сев очима" вучјим да своје вечите непријатеље „лако утера у вишеспратне штенаре", као и коначан тријумф у виду вечности, која је плод памћења и презервације сопственог бића и мита, попут генетског кода:

> Јашући на своме вуку предводнику
> Враћам се на зелене висове
> Са којих сам овамо сишао

Копам тамо сам себи гроб
У најдубљој мисли вучјег пастира

У тој заборављеној дубини
Нико од вас и не сања
Да ме мртвог тражи

Сазрева тамо у миру
Сиви шкриљац наречен антимон
Од којег сам саздан

Из њега прво ниче
Ново вучје цвеће
А после све остало по реду

По светом зеленом реду.

Стога и поменути претећи рефрен: „Лајете лајете" се преображава у завршни стих и циклусе и књиге – „Лајте ви само", очито са призвуком залуда и последичне игнорације, упућене противницима.

СУГЕСТИЈА БОРИСЛАВА РАДОВИЋА

Све је код тебе збијено и подешено,
говориш онолико колико сам желиш,
чак више наговештаваш него што говориш.

Сенека[11]

Не казати све до ситница и дуго,
него оставити слушаоцу
да неке ствари сам пронађе.

Теофраст[12]

По речима Пола Валерија, књижевност настоји да посредством речи и слика оствари стање у којем недостају речи[13]. Дакле, неизрециво није извесност (по томе се разликује поезија од филозофије и егзактне науке), већ илузија која се импрегнира у песничку творевину.

На поменутом путу ка алузији и апсолуту, писци су пронашли упориште у постулату да свако бивство свести има своју одређеност, јер се у сваком од сегмената или могућих облика презентује целина, и обратно. Управо, „у том репрезентовању

---

[11] Луције Анеј Сенека, *Писма пријатељу*, Матица Српска, Нови Сад, 1987, стр. 189.

[12] Филозоф Теофраст (372–287 пре Христа) је Аристотелов ученик и дугогодишњи управник перипатетичке школе у *Карактерима*, ословљени као *Златна књижица*, у којој су у веома сажетој форми, откривени тридесет негативних и смешних људских типова, карактеристичних за стару Грчку. У једном фрагменту *Златне књижице* Теофраст је први издвојио и смисао и улогу наговештаја – сугестије, тада нарочито истицане у говорништву и усменом обраћању слушаоцима.

[13] Пол Валери, *Свеске II,* Глас, Бања Лука, 1988.

и посредством њега"¹⁴ постаје могуће и оно што називамо датошћу и презенцијом жељеног садржаја. Из тога је уследио закључак да се активност стваралачког духа испољава и у изградњи својеврсног система чулних симбола. И то симбола са претензијама да превазиђу круг и домет индивидуалности.

Симболи односно знаци нису пуки и случајни омотачи мисли, него и њени битни и конститутивни елементи и есенцијални органи. Они не служе само да саопште известан садржај, него су и инструменти – који тај садржај изграђују.

Иако су се током XIX и XX века песници предавали симболизму и такмичили ко ће сликовитије дефинисати симболизам (нпр. Бодлер, Витмен, Флобер, Маларме, По), проналазимо медитације филозофа и књижевника о симболизму (углавном се односе на, тада врло значајно и поштовано беседништво) још из четвртог века пре Христа (значи, читавих двадесет два века раније). Још занимљивији је факат да су и тада знали за сугестију¹⁵

---

¹⁴ Ернст Касирер: *Филозофија симболичких облика, Књига прва (Језик)*, Нови Сад, Дневник, Књижевна заједница Новог Сада, 1985, стр. 44

¹⁵ У енциклопедији *Речник књижевних термина* Института за књижевност и уметност у Београду у издању Нолита 1986. г. (делимично се позивајући на текст: «Књижевност и језик», Радослав Катичић, у књизи: Шкреб-Петре, *Увод у књижевности*, 1969) под сугестијом се претпоставља затомљено и прикривено наговештавање, које проистиче из контекста или одређених асоцијација и даје некој речи, фрази, реченици или појединости у књижевном делу – допунско и додатно значење, па чак и потпуно мења њен основни смисао. Лежи у основи готово сваке стилске фигуре, нарочито таквих као што су симболи, алегорија, метафора, метонимија, словенска антитеза. Сугестија је у ствари део сваког песничког исказа и дејствује као његов подтекст или асоцијација. Када је смисао тог подтекста или асоцијације јасније одређен или наговештен, реч је о алузији, инсинуацији или импликацији. Помоћу сугестије могу се

као поступак у усменом и писаном обраћању. Теофрастова и Сенекина настојања да објасне сугестију и њену важност, издвојена као мото овог текста, довољна су сама себи.

Ипак, не треба дискредитовати дефиниције сугестије као формуле симболичког поступка од стране савременика симболизма. Морис[16] је у сугестији наслутио израз неизрецивог. Сугестија, тврди Морис, може оно што не може израз. Она је језик сродности и сагласности (афинитет душе и природе). Уместо да одражава и подражава (изражава) одсјај ствари, сугестија продире у њих и постаје њихов глас, и њихово име, додајем. Она никада није индиферентна. Увек је нова, јер казује оно што је скривено, необјашњиво или чак неизрециво у стварима. Поседује моћ да изнедри илузију, након чега и позната реч изгледа као да се чита први пут. Мокел допуњава Мориса поруком песницима да, уместо навике да закључују, теже навођењу читаоца на размишљање и да у себи (читалац) довршава написане и ненаписане речи. Маларме је између сугестије и алузије подразумевао знак једнакости и саветовао своју сабраћу у белешкама *Књиге,* на 148. листићу „да се сва модерност прибавља преко читаоца".

наговештавати и значења сасвим различита, па и противречна основном. Присутна је и у сатири, иронији и сарказму. У најширем смислу, сугестија је околишно и прикривено упућивање читаоца у оно што ће се тек касније догодити или обелоданити у делу, или пак остварење основног значења према допунским, другачијим, па и супротним могућности смисла. Сугестија је и средство које даје књижевној речи њену мисаону, осећајну и тоналну сложеност и пуноћу, и постаје врло битан конституитивни елемент уметности речи.

[16] Овај цитат, као и наредни Мокелов, преузети су из есеја *Сугестија,* из књиге: Војислав Ђурић, *Трагање за духом речи*, СКЗ, Београд, 1990, стр. 22.

Значи, симболисти су (и као појединци и као школа) истрајавали у негирању наративно-дескриптивног метода и у утврђивању симбола као књижевног средства, да би образложили преимућства сугестије. И песник Борислав Радовић је гајио традицију симболизма и често објашњавао и писао о задацима и могућностима поезије и уметности. Фаворизијући сажимање, а не аналогију, Радовић антиципира да ће успети да избегну „тамнине", „слабовидост" и Новалисове „нејасности" или да их бар омеђе, само они писци који се руководе претпоставком да је њихов идеални и замишљени читалац, заправо, персонификовани језик односно језичко памћење. Песник Радовић предвиђа да читалачки аудиторијум не може остати само пуко привиђење и призива императивни захтев времена да ће се „читалац убудуће непосредно уводити у песничку плетарију, као онај ко не само придржава, него и потеже конце"[17]. И наглашава принцип модерне поезије да песник који не успостави узајамни однос са својом замишљеном публиком, неће успети да упозна читаоце са својим намерама и остаће непрочитан и „уклет". И стижемо до привидног парадокса (или је то сугестија у облику ироније тренутка). Данас, песник, без захтева читаоца, подређује читаоцу своје умеће, које без активног читаочевог учешћа (до малог стваралачког чина) и без продужавања живота кроз читаочев ехо или макар кошмарни сан, неће бити ни обелодањено.

Начини употребе сугестије

Барокно песништво Малармеа и Валерија и њихово одгонетање начина изрицања неизрециво-

---

[17] Борислав Радовић, *О песницима и о поезији*, Глас српски, Бања Лука, 2001, стр. 201.

га, пронашло је средитежиште и у српском књижевном изразу. Пре свега у Винаверу, Настасијевићу и Матићу, а у другој половини XX века и у стиховима Борислава Радовића,[18] који је окупиран структуралном игром *означитеља* као фактора форме и *означеног*[19] као комплексног производа смисла, дозвољавао да се ти наноси значења слажу потпуно аутономно (само наизглед), јер инсистирање на сугестији (која иначе битно одређује Радовићево стваралаштво), доказује да семантичка препуштеност и затамњеност, као и извесна и могућа конфузија, нису песниково исходиште нити циљ, него полазиште и увод у архитектуру песништва и ненаметљив трансфер суштине у наговештају, која се тек накнадно реализује у индивидуалном одјеку у самом читаоцу. Заправо, Радовићева песма, по сведочењу Михајла Пантића, прелива различито у различитим очима, тако да нико, чак ни песник, не може до краја овладати њеним средиштем, нити може открити све степене и наносе њених значења[20]. Песник, значи, иницира и упливише на простор, време и смисао стихова, али их не ограничава.

Појашњења ради, вреди акрибично набројати (прецизније је рећи систематизовати и проширити) и анализирати Радовићеве песничке обрасце, тајанственост језичке посредности, унутарње „имплозије смисла"[21] (различите од читаоца до чита-

---

[18] Александар Петров: *Барокни Радовић*, у књизи, Александар Петров, *Поезија данас*, Вук Караџић, Београд, 1980, стр. 111.

[19] Ханифа Капиџић-Османагић: *Carmina Борислава Радовића*, III програм радио Београда, јул–септембар 1984, број 46, стр. 342.

[20] Михајло Пантић: *Борислав Радовић: Монолит, меморија*, у књизи, Михајло Пантић, *Нови прилози за савремену српску поезију*, Григорије Божовић, Приштина, 1994, стр. 66.

[21] Гојко Божовић: *Између библиотеке и искуства*, у књизи, Гојко Божовић, *Поезија у времену*, Октоих, Подгорица, 2000, стр. 149.

оца) и помоћни инструментаријум, па и у облику поштапалица и других помагала (сви утемељени у сугестивности), којима Радовић песму претвара у медијатор између читалаца и песникових мотива, а не у императивни исказ.

Поступак микромонтаже[22]. Песник Радовић је апсолвирао Мокелов модел песме као скуп линија и реченица у покрету, које, иако не достижу и не доживе одређену тачку свога спајања или укрштања, бар је детерминишу и /или наслуте, објашњавајући у простору разлоге свога постојања. Међутим, стазе којима се крећу Радовићеве реченице или стихови сасвим су неуобичајене (признаје то и сам песник у исповедној песми у прози *Наше реченице*). Речи се неочекивано и зачудно настављају једна кроз другу. Врло их је тешко (и љубитељу оваквог поетског исказа) антиципирати и /или оправдати. Не уочава се версификаторско-традиционална, па и логичка веза између њих, на први поглед. Њихови узајамни односи су нестални, а зглобна места лабава до ишчашености. Наиме, наредна песникова порука или слика није у функцији претходне, нити је пак следећа појашњава. Неретко су и супростављене једна другој у својој аутономији. На тај начин, стихови или строфе, привидно, делују потпуно осамостаљени и самодовољни, па и анахрони (нпр. низ стихова из песме *Увод у припадности*: „горео сам / а нисам био њихово питање; / ниједна ноћ ту није била моја, / сам је хлеб имао туђ укус. / Био сам рана саврела на снегу" или у песми *Поглед из дворишта*: „Не буду ли руже ускоро орезане, / снег ће их поломити у корену. / Жуте новине се на ветру плету као / пас у но-

---

[22] Александар Јовановић: *Борислав Радовић или доследности песничке стратегије*, у књизи, Борислав Радовић, *Песме*, СКЗ, Београд, 1994, стр. XX

ге. У топлим крајевима / воде се ратови; понегде падне влада. / А овде треба пронаћи грабуље"). Наликују филмском сценарију или динамичном процесу монтаже, које повезују одјеци различитих фрагмената (у овом примеру на крају првопоменуте песме дознајемо да је то бунт против (не)времена у којем живимо и „поразна сличност" са, нажалост, трансформисаним националним бићем коме припадамо, а у другој је нужност рестаурације и санације „пукотина око куће, пре киша" и наша традиционална неспремност и затеченост, односно накнадна памет). Очито да се у оваквим и њима сличним учесталим контекстуализацијама, више асоцијативности, а мање аналогије, очекује односно захтева од читаоца, како би докучио формулу запретене, али, ипак постојеће кохезије, као и намерно скривен кључ, за отварање и песме и певања.

Неопходно је навести специфичност, да се Радовићев, из технологије филма преузет, сав стваралачки процес дешава на врло малом простору – у песми која броји десет-петнаест „изломљених" стихова са свега пет-шест речи, што захтева и гипкост и згуснутост исказа. И даје за право да се ослови као поступак тзв. микромонтаже.

Ентропију микромонтаже омогућава и чињеница да су речи, свака за себе шире и дубље, него у било каквој реченици, где контакт са другим речима илуминира само један сегмент њиховог значења. Вештина Радовићева је, значи, да се (у синтагми) из сваке речи извуче баш оно што је намеран рећи нам, али под условом да се одабере лексички склоп, који дотични (жељени) смисао најрељефније илуструје. Такве су синтагме „суботњи човек", „бела празнина", „двоје младих", „чувар наследних особина", „коренита успомена", „априлска земља", „заковани прозори", „рођени подземник", „црна свеска", „коначно јутро"...

Редукција стиха и означеног појма. Сам Радовић, у намери да нагласи улогу метафоре и њене моћи да пренесе значење једне речи на другу, приметио је да она не само да кружи по песничким текстовима, већ је доминантна и у свакодневном жаргону. Један од разлога за такву одомаћеност језичке стилске фигуре, јесте пренос значења у циљу скраћења или чак изостављања неког исказа који има вредност готовог суда и који се подразумева. Зато и Радовић посеже за редукцијом, не само стиха, већ и значења предмета тог стиха. Намерно се одузимају бројне карактеристике предмету певања, да би се одређене наметнуле читаоцу. Углавном употребом придева и образовањем синтагме. Поменули смо их већ. На пример, синтагма „суботњи човек" (и не само она), одузима обиље значења која има поменута именица, а придев је лоцира и темпорално и семантички, заправо нуди читаоцу сужености предмета песме, али и приближавање том селектираном значењу, јер се намећу и друге претпоставке из новоформираног језичког склопа. И то управо оне којих се нико од читалаца не би сетио, јер су, што је очекивано, потиснуте од стране битнијих одлика, које доминирају и обележавају дати предмет или појаву. Тада асоцијативност и аналогија, које је метафора испровоцирала у читаоцу, омогућавају редукцију или чак изостављање неког од исказа, без утицаја на ток песме. Штавише, ненаметљиво се сугерише сажимање исказа и пријема, које песник подразумева.

Дакле, не скрива се све оно о чему се пева, већ се читаоцу пружа (наговештава) само један податак или поглед, да би му се све остало, на тренутак, прикрило. Међутим, песник увек остављене слободне валенце попут еха, мора, до краја песме, усагласити и по приступачном рецепту осмислити. И на тај начин дозволити поменутом разлогу или предмету песме, да се у предвиђеном пејзажу или звуку рехабилитују као пренети из претходног стиха.

Употреба заменица. Радовићева честа и значајна употреба заменица, по Ђорђију Вуковићу, „може се узети као полазиште за испитивање основних видова његове поезије"[23]. Песник користи све постојеће заменице и оне попримају одлике актера, али су у двојном и узајамном односу са прволиким изворима.

Супституција имена и именица заменицама, описани предмет певања чини неизвесним и непрепознатљивим. Наведеној замени, међутим, прети неодређеност и конфузност заменица, коју песник избегава метафоричним преузимањем и трансфером значења и особина од другог појма.

Заменице које казују али не именују, ипак су променљиви параметри. Исте заменице доживљавају више врста преображаја. „Ја и ти може бити љубавни пар, песник и језик, песма и поезија, песник и читалац",[24] и не само они, већ и бројне противречности и узајамности. У помоћ се мора позвати граматичка логика заменица и интонација стихова и реченица, да би се спознало шта се означава, а не кога означава.

Сем тога, Радовић, користећи метонимију, уместо митских и историјских личности употребљава личне заменице да би уклонио границе које легенде и векови неумитно намећу. Заменице их чине енигматичим и затомљеним, тако да наречене границе (темпоралне дистанце) нису у центру пажње

---

[23] Ђорђије Вуковић: *Заменице, лица, замене*, у књизи, Борислав Радовић, *Изабране песме*, РАД, Београд, 1979, стр. 5.
[24] Александар Јовановић: *Борислав Радовић или доследност песничке стратегије*, у књизи, Борислав Радовић, *Песме*, СКЗ, Београд, 1994, стр. XVIII.

читалаца или чак нису у видокругу. На тај начин, песник достиже инверзију и метатезу. Лица и наличја (представљена замењеним именом) постају обележје и симбол посебне врсте, чији се смисао наговештава и стидљиво назире, иако је, често, запретен и тешко препознатљив.

Ђорђије Вуковић посебно наглашава да заменице трећег лица (и једнине и множине и сва три рода – он, она, оно, они, оне и она) упућују на предмет говора и у својој замени много су даља од својих имена и именица, док су заменице првог и другог лица (чешће ја и ти, него ми и ви) лимитиране, јер су непосредне и завидне звучности. Зато, заменице трећег лица, са извесне дистанце, нуде више комбинација, метатекстуализација, супституција и инверзија, као и могућих архитектура и конструкција, у чијим је темељима разлика између означеног и ознаке, између имена и суштине, између заменица и именица, али и опасност да стихови остану „непрочитани" и од стране приврженх читалаца. Међутим, оне (све заменице трећег лица) захтевају додатну транспарентност, пре свега стилским и језичким фигурама, како би се читаочева шанса да, на крају песме, открије песников предмет учинила разумном и реалном.

Апстракције, асоцијације, алузије, метафоре, симболи и метонимије тренутно узрокују дезинтеграцију значењског хода и заговарају херметични говор. Ипак, њиховом стрпљивом и пажљивом анализом читаоци могу одгонетнути све смисаоне нијансе, уколико могу одгонетнути порекло елемената, од којих песник гради песму, јер распоред лексичког и стилског материјала песме, није сам себи сврха[25]. То је и нека врста игре између писца и читаоца, у којој песник иако покушава да укине

---
[25] Радивоје Микић: *Две песме Борислава Радовића*, у књизи, Радивоје Микић, *Језик поезије*, БИГЗ, 1990, стр. 70.

провидност, ипак не настоји да сасвим затамни семантичку узајамност и асоцијативност. Радовић, наиме, сугерише да пише о извесном које настоји да учини тајанственим.

У истој функцији као заменице, нарочито у трећем лицу, су и временске и просторне одреднице, као што су: тамо, некад, негде, па и ту и овде. Запажену улогу имају оне неодређеног значења, које потенцирају размак између имена и суштине, између песника и песме, тако да у тим неизвесним и далеким стиховима песник може видети самога себе и може се обраћати самоме себи. Може се и песник приближити језику и суштини, али и удаљити од себе. У истом је контексту и међуоднос писца и читаоца, дискурса и смисла, времена и простора, именица и заменица...

Наводнице и дијалози. Једна од карактеристика Радовићеве поезије јесте њена стална промена одеће. Од слободног до везаног стиха. Од кратких до дугих песама. Од песама у прози до песама-циклуса. До тога да се иста песма у једној књизи јави у прозном облику, а у другој у стиху, неретко и римованом (нпр. песма *Увод у припадност*). Али и до тога да се и у једној песми налазе два независна песничка облика (песма *Обноћица*). Песник се не задовољава поменутим, већ и структури сваке песме придаје значајну пажњу и као активном песничком поступку. Објашњење је у суду да иманентним смењивањем облика поезије и експирементима у архитектури стихова, песници доказују како је усмереност на облик једнако одбрана поезије колико и језик којим поезија говори, мада се, претпостављам, неће сагласити поједини критичари, који су приоритет дали песниковим лексичким и синтаксичким огледима и осмишљеним играма.

Нужно је нагласити да су посебан облик Радовићевог песништва песме у наводницама и дијалози у њима, иако су, по времену настанка, ближи и неопходнији беседништву и усменом говору. У Радовићевој се песми, између знакова навода и извода, оглашава друго лице, не само историјска или митска личност, које се исповеда (у песми *Очи*) и води дијалог са песником (у песми *Газ и појило на Лиму*) или са другим субјектима (песме *Веслачи*, *Коледарска*) или са самим собом (у песми *Пев на Љути* понорни ток реке обраћа се површинском: „Поведи ме доле, твојом жупом... да напајам с тобом жуте лимунове") или је пак читава песма у наводницима и у облику монолога (песма *Мој вршњак*).

За песника су наводници погодни зарад семантичког прапочетка песме, јер све речи и догађаји после ознака за цитирање, следе после нечега што се збило, изговорило или написало, мада за читаоца није битно када, већ шта (песник посеже за контекстуализацијом). А код Радовића све што следи је вишезначан, специфично изведен поетски текст, који прераста у посредовање између реалног и измаштаног света.[26] Таквим се обрасцем, суштa дубина конституише после или из неке друге суштине и смисла. Суштине по сродству[27] или по асоцијацији. Тако се стиже до архе и пра дубина и мита. Што наводи на закључак – код Радовића као да је песма из песме, слика из слике, реч из речи, „море из мора".

Очигледна је оправданост песниковог одрицања недвосмисленог реторичког дискурса и наглашеног саопштавања, и окретања посредном и за-

---

[26] Богдан А. Поповић: *Приоритетно присуство*, у књизи, Богдан А. Поповић, *Песници и критичари*, Просвета, Београд, 1998, стр. 22.

[27] Гојко Божовић: *Између библиотеке и искуства*, у књизи, Гојко Божовић, *Поезија у времену*, Октоих, Подгорица, 2000, стр. 149.

мршеном говору, у којем успева да „песма посредује, а не изговара значење"[28]. Све то чини не би ли једна иста песма била читана и доживљавана на више начина.

Наслови, посвете и мото песама. У Радовићевим песмама често, наслов, посвета и мото песме или пак уводна напомена наглашавају и лако дефинишу песников предмет истраживања. Чак је, у тим тренуцима, рецепција стихова убрзана. Асоцијације су необично покретне и очигледне. А језички варијетети, нарочито они неуобичајени за песништво, не носе са собом само своја елементарна значења, већ и подлогу и позадину, из којих су у песму умарширали или кришом ушли. Поред њих или у њих или иза њих или испред њих и речи из категорије општег вредновања, па и топоними са других простора, у оваквом поступку бивају конкретизовани снагом емпирије и емоција, које они код читаоца ненаметљиво изазивају.

Бројни су наслови из поменутог контекста: *У славу Ероса, Неимари, Коначно јутро,* апологетски *Живот вина,* па бајколика *Жар-птица,* затим Бодлерова *Старица,* Јејтсова *Политика* преиначена у *Поглед из дворишта,* мит о Аргонаутима и вечним луталицама у песми *Веслачи, Пев из Калевале, Гаврани над Мраковицом* у којој симболи комуницирају или се укрштају са подлогом упамћеном из ближе прошлости попут два света (не само спољног света и света из песме, већ и света песме као темпоралног сублимата и света песника који све њих мора да ослови полазећи од себе и своје стварности), затим песма *Као по некој старој ковачкој песми* у којој живе два, час паралелна, час међусобно прожета света мита и стварности, јер у „ковачу" или „куму" је епифанија прасловенског

---

[28] Исто, стр. 150.

божанства у занимању уобичајеном у народу супротног значења у словенској митологији. Радовићеви наслови песама, не само издвојени, јесу у семантичкој функцији приближавања песме читаоцу, али и омогућавању песника да ниже речи и метафоре из њихових спајања и укрштања, без додатних појашњења. Као и песниковом моделирању језика и пејзажа у игру звука и смисла у неколико нивоа и равни, после којих следе само наговештаји, а не коначни судови и наметање закључака.

Посвета песме *Корона* гласи *За Песника у градском врту* и она је заједнички именитељ са којим се усаглашавају све речи, док их она (посвета) све објашњава, а да се ниједном у песми не помену речи ни песник ни споменик. По метонимији он је „видиковац" или „лив као носилац наследних особина". Сложеност текстова (и светова) који су у песми и њихову међузависност сам песник је ефектно исказао у ироничним метафорама које је управо из њих преузимао и са њима контрапунктирао. На пример, њега (песника – споменик) „под капом будућности траже" а он већ „ушао у откосе и у свеске", иако његову ововремену капу чине остаци „варења птица, снег" али и „бехар". Из ове узајамности потичу стихови, у истој песми, који су осмишљавање и сугестије претпоставили лексичким пробама:

> Слика света је у његовом свету.
> Свет се заправо само иселио
> из огледала, не пустош да оличи.

Уклетост песничке судбине је у „слици света који се шупљина одрекао", чак и шупљина у свакој бисти у парку или шеталишту. Песник у врту је полазиште за вишезначну, тек наговештену, поларизацију: јуче–данас, вечно–пролазно, песник–споменик, песник–врт, песник–заборав, до којих упорни читалац допире са временске и просторне удаљености.

Посвета или мото или поднаслов можда („По Бранку Радичевићу") песме *Гашар горосеча* транспарентним чини следеће синтагме „књиге у грудима", „побуна милоште", „дрвена штула", „нечувено светогрђе" и „огрлица од тридесет гласова", као и остале речи из Бранковог корпуса. Али то није сврха Радовићевог песништва, већ слојевитост коју можемо препознати, зависно од читаочевог знања и памћења. И у овој песми су корелативи песник-горосеча, песник-споменик (можда и сам Кип слободе), али и горосеча-споменик, кроз призму и потенцију „шаке", „кошчате" или оне која је „поклонила шапат читавог доба".

Посвета „За једно име, прочитано на немачкој парцели Новога гробља, у збегу за бомбардовања Београда 6. априла 1941" песме *Ernestine Hoff* прецизно детерминише и време и место и централни догађај песме („лежао сам уз твој камен") и њен емотивни набој („дуго је требало да дим пређе у вече"). Она је огледало које апсорбује сваку мисао и рефлективним зрацима чини их видљивијим. Она је чувар и надзиратељ свих наших мисли. Аутор ређа пејзаже творећи „игру скривалице" у којој дискретно, аналогија са заједничким усудом и изнуђене асоцијације воде у свет сећања („увек кад зазелени / ижђикљала тргне ме влат: сети ме силе / што је одоздо држала све конце / и прибила ме да дишем у тле") и у хиперболисани апологоетски рефрен („Нисам те не ни заборавио ни видео"). Читаоцу се намеће дилема везана за датум песме. Да ли се збива сваког дана или сваког априла, док се промисао о трајању и питањима ко и колико ће трајати у сећањима не успева да замаскира стих захвалности за сачуван живот: „А све време се хранимо на једна уста" јер и песника и Ernestine Hoff одржава исто средство импрегнације („казује их исти језик") и враћа нас у дилеме и уклетост Вавилона (још једног библијског симбола-упозорења).

Призивање митских ликова и простора. Извесно је да Радовић уводи у простор песме бројне митске и историјске личности и догађаје. Пушкина, са својим стиховима (читај алузијама пре свега, а не цитатима), затичемо у песми *Млеко и мед.* На исти начин Гилгамеша у *Haedline news,* Алексу Шантића у *Посебном месту,* Лењина и Минга у *Октобарским метафорама,* Аргонауте и Орфеја (у лику Певача) у *Веслачима,* Ничеа у *Сумпорним куплетима,* затим Орфеја, Бодлера, Емпедокла, Вука Караџића и Бранка Радичевића, Бранка Миљковића и мајку Кнежопољку и Скендера Куленовића, Хелдерлина и Пиндара (залагао се заједно са Хорацијем за концизност исказа и сугестију), а у снохватици песме *Ветар* на тераси изнад Саве су Сен-Џон Перс, Александар Блок, Жан Жак и Краљ Лир.

Свака од ових личности или његова запамћена реч или његово дело, успешно бежећи из замка прошлости, врло брзо откривају своју карактеристичну значењску нит. Али селективно, повремено и ефемерно, по диктату песника. Он заправо, дозира и усмерава семантичке путање, и одбацује оно што настоји у првом наносу учинити невидљивим односно привремено заборављеним. Али, у даљој композиционој целовитости укрштају се многобројне смисаоне линије и центрипетални кругови (и они из сфере заборава), који, тек у том стању, доприносе својој сложености и дубини. И не само својој, него и осталим карактеристикама и намерно изостављеним белезима, и коначно, предмету певања, као синтези имена и садржаја, симбиози форме и суштине, контрапункту прошлог и будућег, из чијих сублимата просијава есенција песничке промисли. Али и као тачки ослонца, из које креће све. И која се репродукује кроз бројне линије и наставља се у њима, али и у круговима упорних читалаца.

Сем тога Радовић даљим развојем слика, доводи у питање постојаност и коначну затвореност[29] и довршеност не само праслика него и новослика. Стога се средиште песме попут семантичке реке не само измешта са свог изворишта, него бива непредвидљива река понорница. Акцентујући фрагментарност из прошлости, песник намерно у први план или у први нанос боја на слици смешта један парадокс, јер ни сегменти нису израз поетске суштине, иако су и целина за себе и део целине песме[30]. Зато су нужна премошћавања између целине и фрагмента, па и између ритуала и збиље, обреда и савремености, вечног и пролазног, што аутор и чини трансфером и преузимањем значења помоћу метафора, будних и спремних за селидбу у други стих и у друго време. Резултат таквог поступка јесте да свака песма, па и сваки стих, из магије своје скепсе, учествују у растварању стварности и мита, и у обликовању нове реалности и нове Радовићеве песме.

Митологизовањем поезије и поетизовањем мита песник читаоцу жели да искаже свој страх о границама кроз време и речи (отуда у песмама бројни писци и њихове трагичности за време овоземаљског живота). Евидентно да свака упамћена мисао, сушти садржај и истина отпорна на време, па и Радовићева песма (и не само његова), јесте извесна граница одређеног тренутка, али пре свега вечно помична граница која егзистира само у тренутку

---

[29] Тања Крагујевић: *Између пешељке и коленца или увод у свеживош*, у књизи, Тања Крагујевић, *Додир пауновог пера*, РАД, Београд, 1994, стр. 27.
[30] Исто, стр. 28.

раздвајања. Радовић апстрахује и мобилне међе и лимите укрштањем митопоетизоване стварности и древних медитација. Свестан извесности да све што се односи на тренутак и остаје у њему затворено, премешта своје историјске и митске јунаке из свог времена у данас и обратно. Не само да их компарира него их и прожима, да би наслутио стидљиву истину и исповест своје песме у Малармеовом савету, по којем сугерисати значи ето песничког сна, независно да ли ће бити успешан[31].

Иако Радовићева песма изгледа као мит у настајању[32], у њеном средишту није искључиво митска одредница, као што од мита није ни почела, као што ни у миту неће окончати, јер ниједан мит није довршен, већ ће се репродуковати и преображавати, али и заборављати, нажалост. Зато, никада не треба елиминисати доживљај песме као упорне понорнице (и Љуте) која тече између смисла опеваног и самог певања. Ни њену жртву, под земљом и далеко од очију, не треба нипошто заборавити.

Укрштање супротних мотива и удвајање ликова. Као једна од карактеристика Радовићевог песништва јесте непрестано удвајање, прожимање и контрапунктирање садржаја. Наиме, песме су грађене на укрштању противречних мотива нпр. дан и ноћ, затим вода и ватра, путник и жеђ, кућа и шу-

---

[31] Маларме се противио Парнасовцима што су предмет певања лишили тајанствености и истицао да „именовати предмет значи уништити три четвртине уживања у поеми које се састоји из среће да се погађа мало-помало. Савршена употреба оне тајне коју чини симбол је у овоме: евоцирати мало-помало предмет да се покаже душевно стање или, обрнуто, изабрати предмет и у њему откривати душевно стање низом дешифровања".

[32] Гојко Божовић: *Између библиотеке и искуства*, у књизи, Гојко Божовић, *Поезија у времену*, Октоих, Подгорица, 2000, стр. 144.

ма, мртви и живи, слобода и жртва, вечност и заборав, реално и измаштано, стварност и мит, спољни свет и свет који се испољава у песми. Супротављени су и библијске, митолошке и историјске личности, и времена која представљају. И сви су они међусобно увезани или умрежени кроз неки од заједничких квалификатива. Свака је песма, наиме, остварена доследном и контролисаном опозицијом, коју песник не разрешава, већ их стапа у својеврсну и аутентичну песничку визију. У песми *Варијације на класичну тему* у поларизацији су већ укрштени корелативи – песник и грнчар с једне и филозоф и обућар с друге стране. Линије које их спајају или супротстављају (унутар једног бинома или између бинома) наликују синусоидама у чијим тачкама додира се налазе узроци стиховања. Свакако, да су запретени и затомљени.

А у песми *Архетипска* (а могла је бити и *Вечита*) изненађујући дуалитет је између песника и „семеглаваца" (сперматозоида), а у подтексту је заједничко питање успеха, као и залуд и трагичност епигона, осуђених на кратко полувреме трајања и распада. Примера је заиста безброј, у којима песник инсистира на описима сатканим од густе мреже значења, која се међусобно супротстављају сугестијама и наговештајима.

Нужно је на крају текста подсетити на још једно обележје Радовићевог метода. Да би читаоци присвојили огрлицу лежерних и самосвојних пејзажа и међуодноса са подлогом из које семантички потичу, песник је свестан да се не може лишити и одрећи нарације. Да је не можс укинути како симболизам подразумева, јер без ње нема везивања речи и слика, а без тога нема ни алузија.

ЕУФОНИЧНА И ИГРИВА ПОНАВЉАЊА У ПОЕЗИЈИ АЛЕКА ВУКАДИНОВИЋА

> Песма која је упила мноштво значења постала је ромор.
>
> Алек Вукадиновић,
> Белешке уз књигу
> *Кућа и гост*

> Поезија се остварује музиком.
>
> Момчило Настасијевић[33]

У српској књижевној критици већ се одомаћила обавеза да се, када је реч о песништву Алека Вукадиновића, нагласе два стожера – архетипска мелодија и тамновилајетска имагинација (по признању самог песника), који у међусобном контакту и садејству односно испреплетани чине једну упоришну архитектуру. Затим, у потрази за сродничким стаблом Вукадиновићевог пева, сагласни критичари помињу Кодера, Растка Петровића, Момчила Настасијевића, Бранка Миљковића и Васка Попу. Постоји још један колективно-процењивачки манир у тумачењу Вукадиновићеве поезије, а то је употреба сегмената из Настасијевићевог есеја *За матерњу мелодију* („Матерњом мелодијом називам ону звучну линију која, долазећи из најдубљих слојева духа, везује појмове у тајанствену целину живог израза. Афективне је природе. Коренита је и колективна, и дан-дањи у разграватости језика") и Вукадиновићевих *Бележака уз књигу Кућа и*

---

[33] Момчило Настасијевић, *Сабрана дела Момчила Настасијевића, Књига IV, Есеји, белешке, мисли*, Дечје новине, Горњи Милановац, Српска књижевна задруга, Београд, 1991, стр. 36.

гост („Песма се... најпре доживљава као мелодија, мелодијска целина, а одмах затим као песма-значење, песма слика, односно праслика, архетипска ситуација, и тако даље. Другим речима, она тако постаје једна вишезначна творевина, као да има више песама у једној песми") и одломака из *Поетичког дневника* („Путујући кроз језик и његове архе, његове давнине и тамнине, путовао сам и кроз време најмлађег часа, а у једном тренутку ова времена као да су постала једно"). Међутим, они се нажалост рабе као судови и квалификативи, а заправо су наговештај или упорни зов за дубљим и аналитичким истраживањима њиховог исказа.

Још од првог издвајања мелодичности као аутентичног поступка од стране Николе Милошевића поводом књига *Кућа и гост* и *Трагом илена и коментари*[34], потенцира се у Вукадиновићевој поезији њена усредсређеност ка дубини памћења и неоткопаним архетипским елементима бића. Ка смислу и праречи. Ка архе и надречи. Ка Тамном вилајету. Ка древном и изворном. За песнички резултат Алека Вукадиновића могли бисмо рећи да је песник отишао најдаље, међу нашим савременим песницима, или, сишао најдубље у лагуме човекове жудње за исконом, устремљен ка извориту са којег је, још у прамаглинама настајања света, почео да се одвија калем човекове егзистенције[35]. Други, пак, тумачи Вукадиновићеве поезије окрећу се конкретније језичкој и језикотворној имагинацији у њој, као и митско-фолкорној подлози. Тако Љубомир Симовић тврди да су неки од наших симболиста или њихови настављачи (нпр. звучни неосимболисти) у мистичном свету и језику наших народних умотво-

---

[34] Никола Милошевић, *Жижак што светли у тами*, Дело, књига 12, XX, број 5, 1974, стр. 564.

[35] Мирослав Егерић: *У мерама Божјег геометра*, у зборнику, *Алек Вукадиновић, песник*, Народна библиотека „Радослав Весниђ", Краљево, 2001, стр. 115.

рина (бајалица, гатки, врацбина и чарања) нашли језичке формуле и симболе које су уградили у своје системе изражавања[36]. Радивоје Микић суди да већи део својих песничких текстова Вукадиновић обликује користећи се поступцима из бајаличке ритуално-магијске сфере[37]. Тиодор Росић, у ишчекивању истраживања Вукадиновићевог мелодијског преплета и звуковних бројаница, тврди да одговарајућа гласовна понављања уз одређене паузе граде, у правом смислу те речи, звуковне бројанице, а томе значајно доприноси и функција акцената у формирању специфичне стиховне мелодије[38]. Саша Радојчић, појашњавајући заједнички феноменолошки и фолклорни корен Вукадиновићеве поезије, истиче да је покретач песме имагинација, ослоњена на фолклорне облике (басме, бајалице и загонетке) који чувају најдревније језичке елементе, барата представама чистих објеката и распоређује њихова значењска поља[39]. Једино Александар Јовановић конкретно набраја (али само набраја) елементе који учествују у градњи Вукадиновићеве мелодије: звучна понављања (асонанца, алитерација, полиптотон, игра речима), паралелизам, призивање образаца народне лирике, лексички избор, ритмичка варирања и стиховна интонација[40].

---

[36] Љубомир Симовић: *О једној грани српског симболизма*, у књизи, Љубомир Симовић, *Дупло дно*, Стубови Културе, Београд, 2001, стр. 277.

[37] Радивоје Микић: *О трептању, трајању и устима ушћа*, у књизи, Радивоје Микић, *Песнички поступак*, Народна књига – Алфа, Београд, 1999, стр. 204.

[38] Тиодор Росић: *Тамни вилајет Алека Вукадиновића*, у књизи, Тиодор Росић, *Поезија и памћење*, Дечје новине, Горњи Милановац, 1988, стр. 166–167.

[39] Саша Радојчић: *Кућа Алека Вукадиновића*, у зборнику радова, *Поезија Алека Вукадиновића*, Матица српска, Нови Сад, 1996, стр. 52.

[40] Александар Јовановић: *Песник лирске апстракције*, у књизи, Алек Вукадиновић, *Песме*, Нолит, Београд, 1998, стр. 10.

Очито да је феномен звука или сазвучја односно да је преплетај мелодије или ромора истовремено и кључ односно расковник за браву проучавања не само самосвојног Вукадиновићевог песничког поступка, него и његовог целокупног песништва. Али је и кључ за читаоце приликом читања или слушања. На основу већ помињане песникове загледаности у дубину памћења и фон прошлости може се претпоставити да је Вукадиновић трагао за особеним игривим звуком у сачуваној баштини, од народних епских песама па до бајалица, гаталица, бајки, басми, пословица, загонетки, разбрајалица. Од њих је Вукадиновић, као зналац метричке, силабичке и акценстке версификације, преузео тонско обележје и стилске фигуре и разиграо их у језику и у „игри слободног духа", како је Растко Петровић детерминисао једну од карактеристика прозваних народних умотворина[41]. Штавише, песник их је и даље комбиновао до својеврсног артизма и иновативности, а у таутолошкој згуснутости, понављању и елипси који су, само привидно успорени, заправо вигилни и вишезначни, али и са-

---

[41] Растко Петровић у истоименом есеју подсећа се пријемчивих ритмичких игара из детињства (углавном разбрајалица, пословица, питалица, загонетки, пошалица), чији смисао, скривен у мистичности и тајанствености, није био доступан, али им је облик био толико музикалан да су их дечаци изговарали са читавом кантиленом. Тихомир Ђорђевић тврди да су бројанице одраз дела народног духа и говора, иако садрже и лутајуће крпе декадентираног језика балканских староседелаца и суседа. Растко Петровић је, на пример и аналогији бројаница и француских симболиста Гембоа и Аполинера, нагласио да је схема по којој се друштвени речник враћао у лирске комбинације заправо схема или закон подсвесних асоцијација. Наиме једна реч је повлачила по тајанственој логици другу за собом, једна визија другу и тако редом, што указује на извесну игривост која је интерпретација осећања и промишљања. Истовремено је и одраз човека потпуно ослобођеног, али и покушај да се допре до „немуштог језика" народних умотворина.

мосвојни и прошли и данашњи. У том погледу неизбежна је аналогија са Кодером који је своју песничку материју језички засновао на казивањима врачара, травара и вештичара. Иако је Кодер остао скривен у свом оригиналном језику, његове су речи (као и Вукадиновићеве) попут духова наслеђа оживеле и духове које именују и омогућиле језику да сам пропева[42]. Међутим, оба песника су учинила корак више, јер су испод речи односно у њиховом еху успели да докуче гласовне дифракције и бројне рудименте који су својим међудодирима и разиграваwима, постали предуслов да се оживи дух времена, али и да се успостави комуникација између времена, па тако и између песника и читалаца.

Вукадиновић, дакле, у даноноћној потрази за фонским обележјем свог поетског исказа, по сопственом признању, није пошао од „површине" и није се „лакоћом клизао по омотачу спољашњег света", већ је, у настојању да се „удуби у свој имагинативни свет", „скидајући љуштуру по љуштуру са света привида" сишао „у даљински простор који му се указао као мета-свет" и тако запосео „дубину", у којој је наставио да „дуби свој каменолом, као свој лични Тамни вилајет... Тамни вилајет боје и звука, Тамни вилајет језика, Тамни вилајет смисла и значења". О коренима Вукадиновићевог језика илустративни су наслови његових песама, који су вапили за критичарским судовима налик Вукадиновићевом понирању у корен и памћење речи (*Поноћна чаровања, Ономатопеја жала, Језичке пословице, Глуво доба, Јадиковка, Пословица-тајна, Скривалица, Јавке, Кућна бајка, Бајка*

---

[42] Божо Вукадиновић: *Песничко дело Ђорђа Марковића Кодера*, у књизи, Ђорђе Марковић Кодер, *Спевови*, Посебно издање часописа Књижевна историја, „Вук Караџић", Београд, 1979, стр. 16.

кућне слике, *Кућна бројаница против злог духа, Поноћни обред*, затим циклуси *Басме и бајалице* против „урока", „русомаче", „моруне", „море", па *Басма против врага, Немушт-басме, Укрштена бројаница, Мелод-басма, Беле басме, Бацање белих чини*, као и циклус *Басмаслов*, али и песма *Слово Григорија Дијака* пролошка у књизи *Ружа језика*, као и циклус *Златно плаво* поднаслова *Хиландарски типик*). Евидентно да су ту сви сопоти Вукадиновићевог гласа заједничког имена – баштина коју чине не само народне аутентичне и оригиналне умотворине из блиске прошлости, али и паганског порекла, као што су бајалице, чарања, врачања, пословице, питалице, разбрајалице, басме, бајке, него и пионирски књижевни средњовековни записи. Није чудо што је и чувени лингвистичар Роман Јакобсон, доказујући да су код гласова битне фонолошке вредности које у датом језику могу да послуже за диференцирање смисла и на тај начин глас интегришу у језик односно стих[43], користио и вредновао структуру стиха српских народних епова, као и структуре два славословија монаха и песника Силуана: *Силуановог слова Светом Сави* и *Силуанов славопев Симеону*, који потичу из XIV века.

Зато је циљ овог текста, инспирисаног амалгамом и еуфонијом речи и стихова пред нама, аутентичан песнички поступак Алека Вукадиновића – фигура понављања слова, речи, стихова, строфа, која је уједно и оно битно кохезионо средство и параметар синтаксичко-интонационе структуре Вукадиновићевог песништва, јер је песник понављање у готово свим разгранатим облицима, преузевши је из дубине памћења и усмене и писане национал-

---

[43] Роман Јакобсон: *О структури стиха српскохрватских народних епова*, у књизи, Роман Јакобсон, *Лингвистика и поетика*, Нолит, Београд, 1966, стр. 146.

не баштине као што су бајалице, пословице, гаталице, разбрајалице, загонетке, дечије игре, басме, клетве, молитве, бајке, епови, митови и легенде, обновио и уградио их у свој редукован и згуснут дискурс; у таутологију и елипсу; у асиндет и полисиндет; у контраст и антитезу; у градацију и етимолошку фигурацију, чиме се затвара и истог трена „понавља" зачарани круг између песника и његових корена и лагума у језику.

Редукција

Звук за којим Вукадиновић тежи, очекује одјек у уху али и у бићу не би ли постао неразлучива компонента заједничка и песнику и читаоцу, могао се реализовати у крајње редукованој песми, сведеној на елементарне појмове и лишеној свега сувишног, по Алеку Вукадиновићу, у „сажетости, моћи крајњој" у *Укрштеним знацима*. Ако се по препоруци Саше Радојчића узме о обзир архетипско порекло призора и слика у Вукадиновићевој поезији, онда је сведеност на једно и двосложне речи исход песниковог захватања у ризници празначења[44] притајеног у „пра" и „археречима", као и прилагођеност песника времену и значењима у које допире. Наиме, песник сажима свој вокабулар. Изузетна је лепеза једносложних термина који су последица редукције изворних вишесложница: „зад", „дрем", „там", „сушт", „вран", „гран", „кам", „даљ", „трај", „лог", „жал", „јав". У њиховим играма и међузависним односима ослобађа се заробљена енергија попут Аладиновог духа из лампе. Истовремено се укрштају и семантичка поља попут кинетике Боровог

---

[44] Саша Радојчић: *Поезија, језик, истина*, у зборнику, *Алек Вукадиновић, песник*, Народна библиотека „Радослав Весинић", Краљево, 2001, стр. 63.

модела атома предајући једни другима поруку и тајну. Ту се крије и силовит и семантички замах који је песма преносила на песника.

Зато су процес редукције доживели и Вукадиновићеве „темељне" речи односно симболи или како их је песник преименовао у идеје. То су, већином речи „краћих" слогова: „кућа", „гост", „ловац", „плен", „ласта", „стреле", „кров", „небо", „ноћ", „праг", „гора", „жишка", „лампа", који нису бројни, али су учестали и живахни, и круже вртоглаво, често у блиском контрапункту. У Ноћној трилогији песник је као опречни пол преузимао негацијске кованице: „нетрај" у односу на „трај", „немушт" на „мушт", „злоушће" на „ушће", „злоток" према „току", (што је фигура контраст[45]) као и саме негације : „Небог" и „Небило", „нејав" и „несан", „пореч" и „бешум", али и апокалиптички предзнаци као што су „гавран" и „туроб" и њихове детерминанте „грак" и „мрак". Све у намери да се проникне у „праречи", „праслике" и „архетипске ситуације", из којих ће међуконтакт трансформисан у вигилну међутекстовност обећати решење за шифре притајене у „суштим именима", јер Вукадиновићеви симболи као наш семантички циљ нису уског и фиксираног опсега и немају апсолутну подршку у митолошким кодовима, већ, потичући са тамног дна наше језичке и духовне материје, наликују на језгра што зраче[46] или на „жишку плаву" или на „кућу пуну стрела". Али, истовремено је и упорни покушај да се оствари завидна звучна организација стиховања што, надам се – уверили смо се, обезбеђују и прозвани актери Вукадиновићевог

---

[45] Контраст је специјална врста поређења по супротности, којом се постиже изразита конкретизација слике и изазива јак емоционални утисак.

[46] Звонимир Костић: *Далека кућа, далеки укућани*, у књизи, Звонимир Костић, *Архаично и модерно*, Просвета, Београд, 1983, стр. 320.

песништва бојом свог гласа. Та пренаглашеност ка језичкој мелодији није песника одвела до потпуне херметичности и непрозирности, али се поезија пред нама никада не да декодирати до краја. Међутим, читаоци се увек могу задовољити оним што су чули.

Одржање звучног преплета на извесном нивоу као и подражавање претпостављеног тона колективног памћења захтевао је од песника и згуснутост исказа, јер се Вукадиновић определио за упечатљив поступак употребе ограниченог броја симбола-идеја, које су у сталном покрету. Међу најчешћим терминима је круг (нпр. „Круг до Круга", „Круг Кругу", „Круг у Кругу", док бином „Круже Крузи" све око нас доводи у кружно кретање које доминира). Заправо, сваком књигом круже и понављају се „темељни елементи" и песникове слике света. Зато је Вукадиновић често посезао за, по својој суштини, емоционалној фигури – таутологији, која представља гомилање речи, обично сличног значења, да би изразито пренеле згуснутост и напрегнутост песниковог стиха и осећања. Први стих „програмске песме"[47] *Кућна алхемија* је парадигматичан: „Сабери сажми и поврати". Примери храбре употребе, у овом случају, симбола су заиста бројни, иако неочекивани, јер таутологија преферира глаголе а не именице: „Ти-

---

[47] Прозвана песма *Кућна алхемија*, једна међу тзв. програмским, гласи:
Сабери сажми и поврати
Ловцу у лову плен одузми

Мало ваздуха мало воде
Мало даљине жишке тихе
Узми нејасној речи ласта
Додај најтишој речи стрела

Кући се кућна алхемија.

шине, даљине, благе ствари", „даљина жишка стрела", „Кровови, ушћа, тишине, боје", „Квадрати, слике, сенке / Даљине, жишке, стреле", „Кровови, даљине, слике, ушћа", „Шуме, поља, неба зраци", „Вртови, слике, кретње", што сведочи да је границу између таутолошког исказа и асиндета тешко разлучити, пре свега, звог редукованог Вукадиновићевог израза. Отуда „претакање" таутологије у асиндет. Док је безброј удвојених бинара (нпр. „Ветар на земљи плен у гори", „Ватра и вода свет и земља" на прелазу из асиндета у полисиндет[48]. Иновација Вукадиновићева је последица његове акрибије изнедрена из песничке радионице што уочавамо у песми *Трајање боја*, која врви од таутолошког исказа, градације, метафоре, симбола, асиндета, полисиндета, анафоре и песникове структуираности завичајем и родним огњиштем:

Кућа и гост, душа и кров
Вечан пејзаж: лампа и лов
Небо, пејзаж модрих сена
Вечно бекство хитра плена
Строге моћи жишка плава –
Сан што пејзаж успорава –
Плаветнила пламен строги –
Госта пејзаж изнемогли –
Вечан окус горке бајке
Вечан пејзаж куће – мајке.

Песник је ефектно доказао да таутологија, захвална и честа фигура у песничком језику, није карактеристичан одраз унутрашњег набоја или егзалтације, већ и песникове узнемирености, забринутости и апорије. Јачина и дубина емоционал-

---
[48] Асиндет је фигура набрајања уз изостављање свеза да би динамика радње или емоција била брза и напрегнута, док полисиндет у „ређалицама" користи свезе зарад задржавања пажње читалаца.

ног одговара условљавају да ли ће се одсликати са више подударних речи или синтагми, на чему инсистира таутологија или ће то учинити елипса односно свођење целе реченице на једну реч која је логичко и емоционално тежиште. Необичност цитиране песме је и у томе што је и елипса њен саставни део. Наиме, лапидарност је присутна, нарочито у биномима почетних стихова. Ретки су примери потпуне изолованости и самосталности елипсе у Вукадиновићевим стиховима, као што је у циклусу *Бацање кућних зрна* из књиге *Далеки укућани*:

>   Реч
>   Међуреч
>   Лов
>   Међулов
>   Круг
>   Међукруг
>   Полуноћ
>   Слика-ласта
>   Полудан
>   Жишка-стрела
>   Који сам у том
>   Лову
>   Каже далеки
>   Квадрат
>
>   Међукрај госта-ловца.

Драмску напетост песме и песникове меланхолије језгровито изражава елипса у контрапункту стихова-речи-антиречи у циклусу *Удаљавање садржаја*:

>   Укућани
>   Антиукућани
>   Два пута поноћ у скривалици
>   Слика-антислика
>   Свет-антисвет
>   Куће далеких разлагања

Два пута поноћ пута ласта
Два пута поноћ пута стрела

Далеких кућа садржаји.

Понављања

Један од најстаријих и најједноставнијих поступака организације стиха састоји се у поновном појављивању једнаких или сличних елемената. Можда је узрок томе то што човек одувек доживљава природу и свет око њега кроз стално понављање појавних облика, на пример, дана и ноћи, месечевих мена, годишњих доба, прелазака из године у годину, из века у век. И од свих тих равнодневица, и малих и великих, зна Вукадиновић, зазирали су наши преци, што је разлог више да их песник прихвати и помоћу њих тка свој мелодијски преплет.

Иначе, општи појам понављања као стилске фигуре био је познат и античкој реторици и још тада био рашчлањен у многобројне подврсте од којих данас разликујемо понављања гласова, речи, реченичних делова, па чак и већих говорних целина као што су строфе. У нашој баштини очувана је њихова функционалност у пословицама, изрекама, гаталицама, бајалицама, брзалицама, басмама, чарањима, колективним мистичним обредима, што је још једно оправдање за њихово преузимање и преливање у Вукадиновићев поетски говор, у амалгам и сажетак усмених и писаних трагова српске поетске речи од њеног првог раздања до данашњег дана[49].

---

[49] Славко Гордић: *Песничка средства и суседства Алека Вукадиновића*, у зборнику радова, *Поезија Алека Вукадиновића*, Матица српска, Нови Сад, 1996, стр. 57.

Као увод употребићу пример из литературе. А то је већ помињана знатижеља Романа Јакобсона за звучним феноменима у стиховима монаха и песника Силуана. И то за завршни, седми стих из његовог слова светом Сави који гласи:

7. Слова слави Саве сплете Силуан

што је евидентно понављање одређених сугласника: *с* – пет, *л* – четири и *в* – три пута, што је алитерација.

Да је алитерација, као архаични стилски поступак понављања истих сугласника или сугласничких група у низу, необично значајан фактор ритмичке и тонске организације Вукадиновићевог стиха, потврдиће сам песник. Нпр. трећа песма-деветерачки дистих из циклуса *Језичке пословице*:

Порече пореч све реч по реч
Па све ред по ред оде поред.

У првом се стиху сугласници *р* и *ч* понављају четири пута, а сугласник *п* у три маха, док се у другом стиху на четири места проналази д, а *р* и *п* на три. Међутим, очито је да се не понављају само сугласници већ и самогласници, чиме се појачава звучна компонента, а с њом и експресивност песничког језика. Наравно реч је о, у версификацији учесталој и познатој фигури – асонанци. Иако је коментар сувишан, ипак да побројимо вокале. Први стих садржи шест вокала *е* и три вокала *о*, а други пет пута самогласник *е*, три пута *о* и само једном је заступљен вокал *а*. У овом дистиху уочљиво је и понављање једне исте речи (у првом стиху – *реч*, а у другом – *ред*), што је анафора, као и синтаксичко повезивање речи истог корена и порекла – *порече пореч*, што је етимолошка фигура.

У истом је контексту и стих и наслов песме: „Море Мору морило".

Ноћна трилогија је парадигма песниковог експеримента и иновације у језику, која је и у много краћим стиховима, пре свега њиховом аритмијом, врцала од неколико фигура извесних и народном певачу, па се и настављала из стиха у стих и из строфе у строфу. Нпр. песма *Немушт-басме*:

> Мушт Немушта
> На пут пушта
> Мушт Немушта
>
> У Заушћа
> Света сушта.

Иако је сличних егземплара заиста безброј, готово у свакој песми су присутни сличног квалитета и звука али различитог нивоа огледа, издвојићу и песму *Трепер-гору* од четири терцине:

> Пукла гора загора
> Украј мора до мора
> Све бор бору до бора
>
> С вечери до вечери
> Трепер-гора трепери
> Море да се помери:
>
> Бор се бору заори
> Јек за јеком у гори
> Ружу звука затвори
>
> Украј мора до мора
> Све бор бору до бора
> Гора тешка загора.

Није ми циљ да побрајам све фигуре разигране у прочишћеном исказу песника, јер то захтева потпуну озбиљност истраживача без њеног расипања на фигуре ван цитиране песме, већ желим да апострофирам избор вокала у два наведена примера. Очигледно да је диригентска палица у *Немушт-басми* припала самогласнику *у*, а у другом вокалу *о*, а управо они припадају по месту изговора тзв. „задњим" самогласницима који својим звучним обележјима одређују коначан звук стиха, за разлику од вокала *е* и *и*, предњонепчаних по месту изговора. Уколико се песник и определи за један од предњонепчаних, онда га, нужно је, подреди једном од задњонепчаних вокала. Исти значај и функцију има и одабир сугласника већином по дубини звука који поседују, као што су је имали, замишљам, и речи наших предака.

Зарад одговарајуће интерпретације пуноће и јачине песникових страхова и ишчекивања, али и звучне детерминације стихова, Вукадиновић се врло често опредељивао и за бројна понављања речи, синтагми или целих стихова, па и строфа. Троделна песма *Пејзаж чуда* написана је у осмерцу, али и у маниру анафоре (понављање исте речи на почетку више стихова) са цезуром (паузом) након четвртог слога:

> Чудан корен гору мори
> Чудно негде земља гори
> Чудиле се света кости:
> Чудна земља чудни гости
> Седам људи седам ђуди
> Седам кућа једну буди
>
> Чудна земља поноћ била.

Комбинаторика анафоре (овог пута је у питању група речи која се узастопно понавља) са алитерацијом и асонанцом (да подсетим пређашња промишљања о вокалу *о* и сугласницима *с, ш, т̄, ћ*, као и сливања вокала *у* са издвојеним сугласницима нпр.

усѿ или *ушћ*) је у безименој песми циклуса *Унезверени пејзаж* у књизи *Укрштени знаци*:

> Уста после свих уста Уста ушћа
> Уста после свих уста Уста Краја
> Уста после свих уста Уста страха

Песма *Кућни жад* кратког стиха (четири слога) нуди супротну фигуру – епифору, која представља понављање исте речи на крају више стихова:

> Јесам ја сам
> Нем и глас сам
> Нејава сам
> Нејав сам сам.

Из сфере понављања речи или групе речи јесте и анадиплоза односно палилогија, у којој је завршна реч или више речи претходног стиха уједно и почетна реч наредног стиха. На пример, иницијална терцина у песми без наслова у књизи *Далеки укућани*:

> Ловац са својим зрном
> Зрно са својом стрелом
> Стрела са својом снагом.

На овај начин, песник успева не само да одмери интензитет својих осећања, већ да упорним понављањима исте речи или израза унутар више стихова дефинише и антиципира емоционални тоналитет умрежавајући разне мотиве и појаве у једну целину као што је то песма.

Као куриозитет и завидан порив за новостима на терену архаичног јесте и циклус од три песме *Кућни напеви* у којем је почетни дистих прве песме: „Сред времена света / Злога" истовремено и крај друге и почетак треће песме. Међутим, то није све када је реч о понављању више стихова у овој песми-циклусу. Завршни дистих прве песме истог циклуса : „У круг часа / Умрлога" је и први у другој и последњи у трећој песми.

У ширем смислу речи фигурама понављања припада и хомонимија, иако по тврдњи лингвиста, не извире из нарави самога језика као што то чини већина стилских фигура. Нпр. „даљ све даљи", „трају трази", „круже крузи", „гора гори а твар твари" или као што је у, по звуку и смислу ефектној песми *Коловрат*:

> Међу две горе шта је горе
> Са чела пчеле ноћ до зоре
> Тај бор у гори што ромори
> Није ни птица ни роб гори
> Нити је неба бор оборен
> Не вади гора гори корен
> Не крије тица небу лица
> Нит за брег тоне љубичица
> Потоњи гост је оставио
> Жале које је ждрал жалио
> У ноћи која нема моћи
> Да узбре бели цвет поноћи
> И да ти зајми лед и мир
> Свирало кроз блистав вир.

Вукадиновић је убеђен да када се речи у кондензованом ланцу говора, не вежу обавезно по значењу, него по звучној сродности, онда се значење једне речи веже за звучност друге, омогућавајући асоцијације независно од света сиве или црне стварности, а тако и везу са бившим временима и световима или макар на њиховом трагу, што је већ подвиг иако је у суштини игра речима.

И еквивока се заснива на хомонимији, а заправо је двосмислена или вишесмислена ознака једногласја односно вишезначан смисао једне речи (речи истог звука а различитог значења и само их акценат може променити). Као што је у затомњеној, непрозирној и недокучивој бајалици *Тарчужак-русомача*, како им и приличи уосталом, јер се, у обредима, обраћамо силама које не знамо, нити их је неко пре нас упознао или комуницирао са њима, нити су их наши сујеверни и наивни преци и могли замислити:

> Ја сам јесам који сам
> Нити јесам нити сам
>
> Ја сам јесам који сам.

Још једна фигура, позната античкој реторици, а нарочито учестала у пословицама и народним песмама јесте полиптотон односно подврста понављања исте речи унутар стиха али у другом падежу. И најфреквентнија је и најдоследнија у Вукадиновићевом песништву. И у полиптотонима, са или без свеза, песник је открио простор за игру у језичким сужењим обрисима и топот једне речи која је стремила очувању и трајању полукаденце. Прво је Вукадиновић доводио у узајамни контакт два пута речену реч у једном стиху (нпр. „Исто истом", „Круг за кругом", „Траг се трагу", „Муња муњу", „Кам по кам", „Мрак у мраку", „Уз ток низ ток", „Слика слици", „Грак до грака", „Јек за јеком"), затим их је удвајао у истом стиху (нпр. „Реч до речи чин до чини", „Зуј до зуја чар до чара", „Рог до рога трн до трна", „Сушт до Сушта Плам до плама", „Крило по крило круг до круга") или удвојене преламао у два римом везана стиха (нпр. „Там је тама / Сушт до Сушта", „Круг за кругом / Трен за треном", „Кам се каму / Рог се рогу", „Коб се кобу / Мрак се мраку"). Често су и по три узастопна полиптотона међусобно увезана (нпр. својом апокалиптичном најавом – „Рог до рога / Мук до мука / Вран до врана"). Занесен моћима игривости у добровољној тескоби симбола и вокабулара уопште, Вукадиновић успева да исту реч у истом стиху измени у три падежа чак (нпр. „Тајац тајцу до таја",

„Бор бору до бора", „Крил се крилу закрило") или у два стиха (нпр. „Чудо чуду / До чуда", „Кључ се кључу / Закључа", „Жижак жишку / До жишка / / Свитак свитку / До свитка"). Док у *Лепрш-басми* потенцирају звук три стиха у којима се речи мултиплицирају (нпр. „Лепрш лепрш лепрша... Коло колу around... Лепет лепет лепета").

Елиптични Вукадиновићеви стихови понављањем истих речи и њених негација у вечном и „суштом" контрапункту (опет контраст као стилска фигура) јесте заиста иновативност, као и умножена семантичност и призвук марша (нпр. у песми *Боже – у шта*: „Небог Бога Бог Небога" и „Мушт Немушта Немушт Мушта").

Условно у ову фигуру уврштавам и додир манихејских светова са превладавањем негацијских полова (нпр. „Реч у пореч / Пар у непар / Кап у искап", „Траг у нетраг / Пут на непут", „Трај у нетрај / Ток у злоток", „Неред ред је" и „Пореч реч је").

Можда је згуснуто утискивање што већег броја полиптотона у тексту пред нама фрагментарно обележио његово присуство, док цитирање читаве *Беле басме III* има улогу да омогући читаоцу веродостојан утисак и о дуплирању речи и о звуку и смислу песме и о песниковим претрагама у именима ствари и појава:

       Сев до сева
       Сван до свана
       Јав ти најав божјег дана

       Гран-огранак
       Ран-уранак
       Дан ти сван ти божји данак

       Данак божји санак
       Дом ти
       Зрачак-трачак у сваком ти

Ево још једне песме *Румен-крилу дан се нада* од четири терцине и једног катрена са истом намером. И она „ври" од продужавања речи, „траја" и значења, који доносе и обогаћују у потенцијалу рубног додира и у међуконтексту са другим „темељним елементима" песме:

> Мук до мука Грак до грака
> Зла од Мрака
> Јача Боже крв ми јака
>
> Румен-крилу дан се нада
> Боже склада
> Подај крилу од тамнине
>
> Круже крузи чини чине
> Чини чине
> Ноћ да стани дан се свлада
> Чемер-крило мрак даљине
>
> Док анђели са висине
> Измењују поје зарне
> Златне траје и таине
>
> Сушт до сушта Зрак до зрака
> Зла од мрака
> Јача Боже крв ми јака

Вукадиновић често понавља и веће лексичке целине као што су ситаксички обрасци или стихови, чак и строфе. Међутим, треба нагласити да понављање синтаксичких формула и стихова немају карактер рефрена, већ су импрегнирани као саставни елементи песама унутар којих се налазе, и више припадају лирском паралелизму. Није их ни лако издвојити као већ перципиране. Често се унутар једног или више циклуса понавља истих стих или миктура речи, а касније други унутар исте или друге књиге. Уз нужну напомену да стихови и лексички склопови, који се понављају, нису лимитирани и не признају границе између књига, већ с времена на време неочекивано и безмало заборављени васкрсавају. И контекст у којем проговарају није семантички омеђен, нити једнообразан. Штавише, својом вигилношћу успостављају бројне везе са будућим читаоцима.

Међутим, синтагма – *час умрли* је, у правом смислу речи, константа Вукадиновићевог еуфоничног дискурса, јер почев од књиге *Трагом илена и коментари* упорно обитава у свим његовим књигама и зависно од амбијента заједнице у који се удомила, „зрачи" другим „бојама" односно нијансама антиципираних емоција. Посебно је самосвојна градација и могућа палета ишчекивања „часа умрлога". Од дискретне најаве, преко њене блискости која плаши, па до њеног присуства које не можемо избећи или како би рекао песник:

Час је часа
Умрлога.

Као парадигма бинарног граматичког паралелизма, запаженог присуства у поезији Алека Вукадиновића јесте сам поднаслов књиге *Укрштени знаци* који гласи: „Уста ушћа и Уста страха", а унутар корица поменуте књиге егзистирају и „Уста краја". И сва три бинома се често понављају и, разигравајући се у оскудном окружењу, истражују и варирају метаодносе, којих на први поглед нема.

И из већ наведених Вукадиновићевих стихова (реч је о побројаним полиптотонским биномима) није тешко закључити да је песник парове речи, налик симболима, укрштао и један од парова речи доводио у обрнутом распореду на огледалу, иако су они већ коореспондирали синтаксички или садржајно (нпр. понављани стихови „Грак до Грака" и „Мрак Мрака" преводе се у „Грак је Мрак је" или у „Грака Мрака"). Такав хијастички распоред стихова (нпр. и у игри речима „дан" и „вран" или у још драматичнијем контрапункту и контрасту као што су и бројне изведенице у негацији у односу на изворне и прволике појаве) је битан за звучност стихова налик на „матерњу мелодију". Неочекивана је, пак, измена једног од полова и још поновљена, као у песми *Ушће йева не йева*:

> Душе шуме зло-шуме
> Душе куће зло-куће.

У лапидарној форми, лишеној сувишног, препознаје се и антиметабола као подврста двочлане антитезе, у којој се оба њена члана понављају измењујући синтаксичку функцију и одржавајући привидни утисак симетрије, као и синтаксичко-интонациону структуру стихова:

> Небог Бога Бог Небога
> Гони у круг часа
> Злога

као и у аналогном наставку песме:

> Мушт Немушта Немушт Мушта
> У Заушћа света
> Сушта.

У преводу са провансалског, рефрен је поновљено ударање таласа што је и обележје поетике Алека Вукадиновића. Песник, наиме, склон понављању речи и стихова, усудио се да понавља и читаве строфе, чак и оне од шест или осам стихова. Под условом да је приуштио себи да поједине стихове из преносивих строфа делимично или потпуно измени или замени. У књизи *Укрштени знаци* почетна и завршна строфа су често иста строфа. У три наврата у питању је строфа од шест стихова, а у два су катрени. У *Ноћној трилогији* заступљеност је значајнија, иако су обично терцине или дистиси (и овде са променама унутар њих). У терцинским песмама обично су почетни стихови првог и последњег тростиха исти, а у песми *Ватро Боже* у свакој од четири терцине, колико их песма има, први и завршни стих су исти, што утиче на ромор песме:

> Ватро Боже
> Кругови се моји множе
> Ватро Боже
>
> Кућо Тмино
> Окружи се Бог даљином
> Кућо тмино
>
> Кућни жали
> Круг за кругом где смо стали
> Кућни жали
>
> Боже – у шта
> Сурвава се даље Сушта
> Боже – у шта.

У дужим песмама са дужим рефренима и варијантама у стиху-два диктатор је семантичка сфера, док је у песмама са мањим бројем стихова и обично са два или три стиха (и толико речи) на почетку и крају предност дата дикцији читаве песме, не занемарујући „Сушт".

Градација

Чим се речи понављају и доживљавају преображај у распореду поставља се питање да ли је и градација присутна. Јесте, присутна је. Штавише, свеприсутна је, и како доликује Алеку Вукадиновићу, огрнута је иновативношћу и необичношћу. Илустративне су три песме у једној *Кућни напеви* које се састоје од четири дистиха. Први дистих („Сред времена света / Злога") из прве песме, завршни је у другој и почетни у трећој, а трећи дистих из прве песме („У круг часа / Умрлога") је и први у другој и последњи (четврти) у трећој. Градација се крије у дистисима који су по распореду други и трећи и потпуно су исти у истој песми, али се трансформишу у другачији пар дистиха у наредним песмама. И тако отргнути имају рецепцију аутономне песме. Пар истоветних дистиха у првој песми (други и трећи, значи) детерменише статус тренутног и конфузног, али са извесним и потенцијалним изменама постојеће стварности:

> Круже крузи
> Траже Бога
>
> Круже крузи
> Траже Бога

а у другој евидентирају узалудност, безнађе и безверје:

> Души божјој
> Нигде лога
>
> Души божјој
> Нигде лога

док у трећој завршној нуде резигнирани закључак о (не)постојању (Не)Бога преображену у антимолитву односно молитву Небогу:

> Небог Боже
> До Небога
>
> Небог Боже
> До Небога

Етимолошке фигуре

Етимолошке фигуре као синтаксичко уланчавање речи исте основе односно истог корена присутни и у разбрајалицама, пословицама, гаталицама и бајалицама утичу на драмску тензију и баритонско сазвучје изговорених склопова подударних речи у мистичној атмосфери. Зато Вукадиновић, на трагу архаизма, не превиђајући форме и значења која је испитивана реч доживљавала у разним фазама и магијским експозицијама своје генезе, контролисано дозира и убрзава укупан звук стихова са смешом именица и глагола сличног садржаја. Преузете су из баштине: „Горела гора... Капале капи", „Госте се гости", „Кућу куће", „Звера звер", „Плен плени", „Гонич гони", „Зли трај траје", „Жали жртва жале" и „Даљ се даљи", док су неуобичајени стихови и по форми и по садржају: „Пут путује а ту је", као и збир четири речи из истог корена: „Лови ловац ловине / Кад улови улови".

* * *

Један древни језик чарања, бацања чини и „зрна", мистичног општења са демонима, омогућио је да се да се изрази оно магловито и неизрециво нешто симболиста, оно нешто што се више осећа и слути него што се зна[50]. Тако су неке древне и наивне фигуре усменог песништва и магијског говора пронашле уточиште и ревитализоване у уобличавању језика модерне поезије. Један од бајаличких образаца обраћању нечастивим силама јесте удвајање или триплирање имена неспознајног демона. На пример, у *Басми за Моруну*:

---

[50] Љубомир Симовић: *О једној грани српског симболизма*, у књизи, Љубомир Симовић, *Дупло дно*, Стубови културе, Београд, 2001, стр. 279.

Морна Мора Моруна
Допловила до чуна
У чунак се савила
Тонути наставила

Целом свету немила

Песник је, дакле, потврдио да се у апсолутно новом руху може јавити и архаично, и то у новом-старом облику, са новим-старим садржајем и у новој-старој функцији. Да су песме-басме заједничког звуковно-мелодијског преплетаја и етимолошких игара, као што су Вукадиноћеве песме и молитве заједничког ромора. Да су песме – видовита, енигматична и мистична „поноћна чаровања". Из тог су фона дублети односно етимолошке изведенице: „тај-таина", „даљ-даљина", „ниг-нигдина", као и „гран-огранак" и „ран-уранак" што је заиста аутентично. Њима су претходила двочлана и двосложна имена предапокалиптичног предзнака: „Туроб-јутро", „Гавран-зима", „Зрак-мртвак", „Леден-поље", „Нечуј-гора" или „Пелен-гора". На другом полу су двојединствене сложенице (нпр. „цветак-божјак", „трепер-гора"). Дијапазон међусобне узајамности и корелација могуће је сагледати на примеру једног од „имена сажетости" – куће. Од „куће-снаге" и „куће-мајке", преко „ветра-куће", па до „зла-куће".

На крају следи покушај појашњења Вукадиновићевог „Сушта" односно његова вечна потрага за мелодичним и језичко-имагинативним матрицама, преузетим из наслућених архетипских слојева и дубина бића и говора[51]. То је и одговор на питање зашто овакав, ипак, самосвојни песнички обра-

---

[51] Бојана Стојановић-Пантовић: *Трагање за божанским принципом у песништву Алека Вукадиновића*, у књизи, Алек Вукадиновић, *Ноћна трилогија*, Задужбина „Петар Кочић", Бања Лука – Београд, 2001, стр. 9.

зац. Наиме, давно је Роман Јакобсон[52] устврдио да, упркос граници између лексичких и граматичких аспеката језика (Вукадиновић је час на једној, час на другој обали), постоји једна област или река језичке активности (у коју је песник Алек Вукадиновић одавно загазио), где игра и игривост, свакако и „класификаторска правила игре" добијају свој пуни смисао – то је фикција (и тамновилајетска имагинација). Ту се потпуно реализују језичке фикције као нужна средства. Сасвим је очигледно да граматички појмови и фигуре „формалног значења" своју најширу примену налазе и проналазиће је у поезији, у том најформализованијем испољавању језика. Али, да завршимо у обрасцу, овог пута, доброћудног контраста – не треба заборавити и да фиктивни ентитети (немогући а неопходни и присутни) своје постојање дугују језику, и само језику.

---

[52] Роман Јакобсон: *Поезија граматике и граматика поезије*, у књизи, Роман Јакобсон, *Огледи из поетике (књижевни погледи)*, Просвета, Београд, 1978, стр. 173.

ЧИТАОЦИ СЕ ПРЕПОЗНАЈУ У (АУТО)ИРОНИЈИ МАТИЈЕ БЕЋКОВИЋА

> А где год погледам
> Видим оно о чему мислим
>
> Матија Бећковић,
> *Ђе рече Јапан*
>
> Свак је себе у њему препознао
>
> Матија Бећковић,
> *Кажа*

Дефинисати аутентичност поетског поступка тачније поетског говора Матије Бећковића истоветно је што и објаснити феномен Матије Бећковића, који се огледа у својеврсној рецепцији његових поема и од широке читалачке публике и од књижевне критике. Наиме, књиге Матије Бећковића се штампају у неколико издања (и до десет нпр. књига *Рече ми један чоек*) и у, за наше просторе, значајном тиражу, што није случај ни са једним српским песником, било живим било мртвим, у другој половини XX века. Затим, Бећковић је добитник безмало свих наших значајних награда и о њему пишу бројни књижевни аналитичари и радо се уписују у зборнике о његовом оригиналном стваралаштву.

Ретки су примери данас, и у светској књижевности, тако истовремено[53] усаглашеног става чита-

---

[53] Прве књиге Матије Бећковића ипак су имале нејединствен пријем од стране критичара и несагласан са читалачком публиком, о чему говоре и сами наслови појединих књижевних приказа из тог доба: *Говорења са песничке естраде* (Дамјан Антонијевић), *Слабости једне песничке оријентације* (Славко Гордић), *Поезија и нарцисоманија*

лаца и критичара, те се намећу питања: који је то заједнички именитељ у Бећковићевој поезији, а пријемчив за ове потпуно разнолике, често и супростављене групације; шта је то што ове стихове урођене у садржаје епског света и архаичне слојеве завичајног говора чини изразито модерним[54] и приступачним; који је то locus minoris rezistentiae у сензибилитету и у памћењу читалаца (и критичари су читаоци), попут погодног медија, за поспешену емисију и пријем песникових визија. У покушају да се одговори на те упитнике по савету Павла Зорића, Мирослава Егерића, Михајла Пантића, Гојка Божовића, а и из сопственог убеђења, потребно је направити изузетак, и у тумачењу поћи од Бећковићевих посећених књижевних вечери које су по Егерићу „колективни монолог"[55], као и саме Бећковићеве поеме, за које Драган Лакићевић пише да су „и химне и ругалице"[56], а Рајко Петров Ного – „и ругалице и тужбалице"[57]. Заиста вреди бити посматрач Бећковићевих промоција, на којима се

(Зоран Глушчевић), *Естрада и побуна* (Вук Крњевић), *Естрадни има ријеч* (Анте Стамаћ) и *Метак у празно* (Веселко Тањера), а насупрот њима додуше, и из тог периода, али и каснијег датума: *Жар-птица поезије* (Ђорђије Вуковић), *Принц српске поезије* (Фрања Петриновић), *Јов на буњишту* (Јустин Поповић), *Врхунац песничког језика* (Божидар Тимотијевић), *Седам записа у славу ровачког еванђелисте* (Селимир Радуловић), *Господар речи* (Милун Марић), *Адмирал епске флоте* (Ђуро Дамјановић), *Његош и Матија* (Стеван Кордић) и *Чинодејствије Матије Бећковића* (Иван Негришорац).

[54] Павле Зорић: *Поема о нашој срећи*, у књизи, Павле Зорић, *Врхови*, СКЗ, Београд, 1991, стр. 136.

[55] Мирослав Егерић, *Колективни монолог у лирском субјекту поезије Матије Бећковића*, у књизи, Мирослав Егерић, *Гласови, вредности*, СКЗ, Београд, 1995, стр. 134.

[56] Драган Лакићевић, *И химна и ругалица*, Књижевна реч, Београд, 1979, VIII, број 127, стр. 19.

[57] Рајко Петров Ного, *И ругалице и тужбалице*, Одјек, Сарајево, 1971, XXIV, број 11. стр. 16.

шире осмеси и задовољство на лицима присутне верне Бећковићеве публике, док им песник сугестивно енергијом ироније и аутоироније говори о њима и себи – некад и сад, али се и руга њиховој историји; темељним убеђењима њиховим и њихових предака, и његових свакако; заблудама, боловима и поразима кроз време; идеалима заједнице којој припадају. И, што је необично, тог часа сви бивају задовољни. И публика. И песник.

Родовско препознавање

Садржај Бећковићевих стихова одредили су епски предачки говор и дужи песнички облици – поеме, тачније „епске поеме"[58], јер и епска интонација и поемски облици, без изузетака, у свим народима певају о ономе што је суштаствено за читав колектив. Сем тога, у нас је још увек жива генетска ватра и радост заједничког читања и слушања. Стога, Бећковић свој идентитет тражи на пространствима колективног духовног „бишћа" и у равни историјског преживљавања, уз напомену да је тај племенски морални идеал временом преображен и наметнут као замишљени циљ којем треба тежити и приближавати се. Да би садржај прилагодио карактеру језика, песник је у смисаону позадину поема[59] укључио мит, предање, историју, усмену књижевност, али и преживеле племенске дилеме, језичко памћење, осавремењено јуче и вредности доживљаване из перспективе данашњих припадника заједнице, која је у међувремену значајно

---

[58] Љубомир Симовић: *Епске поеме Матије Бећковића*, у књизи, Љубомир Симовић, *Дупло дно*, Стубови културе, Београд, 2001, стр. 420.
[59] Гојко Божовић: *Догађај у језику*, у књизи, Гојко Божовић, *Поезија у времену*, Октоих, Подгорица, 2000, стр. 182.

модификована. Наиме, поднебље о којем се пева, дубоко епски нумерисано и овековечено, саздано од речи, а не од збивања, Бећковић помера у простор, који није у стању да мења чињенице, али може да се препозна и оживи у новој инспиративној причи[60], јер сачувани сегменти прошлости нису узроковани само значајем коју је прошлости проносила, већ и афинитетом и интересовањем садашњости према њој. Таквим поступком, песник своје читаоце не одводи само у доба која су заједно (и песник, и читалац, и преци) спознали и запамтили и/или у доба која су проживели, али и њене „окрајке" већ заборавили; него их уводи и у специфичан времеплов битних догађаја које они нису доживели, али њихови преци јесу или им се бар тако чини. О томе сведочи и сам Матија Бећковић у *Белешкама* уз књигу *Рече ми један чоек*: „Верници једног племена не говоре своје мисли, већ мисли свога племена. Сваки појединац усваја мисао племена не плашећи се за своју личност. Као да сваки човек носи у глави траку на којој је снимљена *племенска говорна библија*, и само је укључују на одређени повод."

Управо ту је један од кључева пријемчивости Бећковићевих поема. Комуникативност је очигледна због издашног и емоционалног „родовског препознавања"[61] Бећковићевих стихова од стране читалаца или слушалаца, свеједно. На тај начин, свака Бећковићева „плетиприча" је извесна и препознатљива, често и лично доживљена. Штавише, често и сами наслови Бећковићевих „спевова" објашњавају или прецизније је рећи приближавају

---

[60] Јованка Вукановић: *Вјера и невјерица мита*, у књизи, Јованка Вукановић, *Вријеме стиха*, Јединство, Приштина, 1982, стр. 8.

[61] Александар Јерков: *Од птице до човека*, у књизи, *Поетика Матије Бећковића*, Октоих, Подгорица, Филозофски факултет, Никшић, 1995, стр. 89.

свој садржај бројним читаоцима независно од њиховог узраста, образовања, места рођења, па и језика, који користе. За илустрацију ево неколико: *Не дај се јуначки сине, Не знаш ти ниг, Лако је другијема, Оно* („Оно је морална категорија, метафизичко проклетство нижега реда... синоним за олош"), *Битије и небитије, Знам му оца, Танкодушић, Кукавица, Унук Алексе Маринкова плаче над Црном Гором, Чији си ти мали, Ниси ти више мали, Без икога, Лелек мене* (у десетерцу), *Сарана Крстиње Гаврилове,* у којима је очито у првом лицу (не)идентификован појединац као представник припадајуће групације. По наслову су предвидљиве и песме: *Косово Поље, Прича о Светом Сави, Богојављење* или *Богородица Тројеручица.* Чак и наслов саме књиге *Бераћемо се још* недвосмислено означава тематско упориште блиско и заједничко значајном читалачком аудиторијуму и још бројнијем слушатељству, чинећи их необично активним у ишчекивању доживљеног садржаја и пре самог читања или слушања Бећковићевих дијалекатских поема. Претварајући, наиме, сведоке у учеснике.

Али, и када наслови поема или књига не сугеришу архитектуру „каже", реч је о свакодневним или судбоносним догађајима у ровачком селу, о егзистенцијелним тескобама јединке и колектива, о причама и предањима, о обичајима и обредима, о сујеверицама („урече га неко, мањије, сугреб, / или му мајстори турише нешто под атулу, / те га смрт онако изнепада пађе"), о сновима и снохватицама, о клеветама и прорицањима, о тајнама и бајањима, о поимању страха и смрти, али и о траговима прадавнине, о легендама и наивним веровањима, допирући тако до праречи и праобразаца генетске пирамиде племена и народа, за који је „богатство говора надокнада за догађаје". Јер „у Ровцима се уопште ништа и не догађа осим у језику", а тако је, претпостављам, увек и било и биће.

Да би у читаоцима пробудио моћ препознавања садржаја своје поезије и читаочевог сопственог поистовећивања са догађајима и личностима или чланове читаочеве породице из ближе и даље прошлости са својим јунацима, Бећковић је потенцирао заједнички исконски живопис у облику паганских мотива, прастарих обреда и обичаја, словенских наивних предрасуда и сујеверица. Тако у разбокореној и завидно сликовитој поеми хорор-фантастичног жанра *Псоглав*, истоимени јунак, иначе, паганско демонско канибалско биће (људског тела, ногу као у коња, псеће главе са гвозденим зубима и једним оком на врх чела, које живи у пећинама)[62] у ствари је синоним ђавола:

> Чим га зрака дотакне – липсава,
>ураста се, блиједи, нестаје.
> Ту снијева да утули сунце,
> па да буја у вјечитој тмуши.

Затим, и данас у Црној Гори постоји тзв. сухомеђина Вука Манитога[63] односно *Међа Вука Манитога* (наслов Бећковићеве књиге поема, али и сачуван топоним још у записима Вука Стефановића Караџића, што је и мото наведене књиге), који је по још живућем веровању често и безразложно презиђивао планине у Црној Гори, док му је други брат зидао огромну цркву у Дукљи, а трећи састављао реке Цијевну и Морачу. У истој функцији су мотиви кукавице и „змије у темељу", као и осталих специја из биљног и животињског света.

---
[62] Шпиро Кулишић, Петар Ж. Петровић, Никола Пантелић: *Српски митолошки речник*, Етнографски институт САНУ, Интерпринт, Београд, 1998, стр. 374.

[63] Исто, стр. 118.

Још једна особеност Бећковићевих поема јесте њихова заснованост на супростављањима разноликих групација (нпр. „ми" и „они", „ми и не-ми", „ја и не-ја", „ово и оно", Горњи и Доњи крај), што је и кључна карактеристика не само наше историографије, него је усуд за сва времена и за све народе („Нијесмо никад ш њима у једну воденицу, / Па ево шта ишчекасмо сва сило од неба, / Сад неће они с нама"). Илуминација противречних у познатом микро-фолклорном свету убрзава и индукује безрезервни и недвосмислени пријем „словоплетенија" од стране данашњих читалаца.

Оријентација на усменост

Очито је Бећковићево поверење у усмени исказ, у живу реч, у „говорни ровачки језик" („Ову су књигу написали сви Ровчани"), али и у митске талоге искуства, тако да избор усмено образованог сељанина Ровчанина за казивача обезбеђује и читљивост свих генерација и едукација, у шта Бећковић не сумња: „У овоме говору су све ровачке тајне. Те тајне се од памтивека крију од света. Зато што су се криле, оне су се сачувале. Говоре се уз колевке, као аманети, као одгонетке живота, као поглед на свет."

Знао је Бећковић да силазак у дубине предања јесте и силазак читалаца у колективни субјект (притајен у самом дну песниковог духа)[64], али и истовремено изједначавање и песника и читаоца појединачно са колективним бићем, што је уједно и својеврсно искушавање песничке моћи да ли ће успети да се проговори језиком сачуваним у теме-

---

[64] Мирослав Егерић: *Колективни монолог у лирском субјекту поезије Матије Бећковића*, у књизи, Мирослав Егерић, *Гласови, вредности*, СКЗ, Београд, 1995, стр. 139.

љима српског бића и кућа, у којима вековима обитавају. Своју компетицију са временом и смислом, као и задате песничке циљеве Бећковић појашњава у већ поменутим и цитираним *Белешкама*: „Ровчани као да никада не мисле, а кад проговоре – говоре мудрости. Говоре у максимама, као латински, усвојеним формулацијама које су говором испиране као злато, све док се нису најлепше речи спојиле на најбољи начин. Говоре само оно што је најбоље речено, дају коначне одговоре. Можда је овај говор када је добио последње облике постао песма и почео да изумире".

Али, Бећковић као поуздани археолог језика предосетио је поетски потенцијал и енергију у тим окамењеним језичким творевинама, па и у лексичким љуштурама, и омогућио да се ослободи дух прошле цивилизације.[65] Штавише, што је песник више дробио и уситњавао камене громаде до „минерала" сачуваног или замишљеног говора уз обавезне варнице и ватру, истовремено су испаравала и неочекивана сећања и промишљања, и то само она која су, по законитостима кретања времена, заједничка (читај препознатљива) и данашњим житељима (и песнику и читаоцима). Тај говор из дубине земље и бића (и кад је садржина у питању), уједно је и примарни код и еквивалент историје згрушане у мит племена или народа[66]:

> Сваки мисли Душан је ил Милош,
> Бан ли, Деспот, Сердар или Жупан.
> Због великих брига које брине
> Свакоме се чини велики је!

---

[65] Ранко Поповић: *Завјетна свијест у поезији Матије Бећковића*, у зборнику, *Матија Бећковић, песник*, Народна библиотека „Стефан Првовенчани", Краљево, 2002, стр. 66.

[66] Саша Радојчић: *Обнова и обуздавање епског*, у зборнику, *Матија Бећковић, песник*, Народна библиотека „Стефан Првовенчани", Краљево, 2002, стр. 103.

> Доста их је – са главе на главу,
> С дима на дим – има их довољно,
> Чувенијех – нико нема више,
> Напољу су – вазда у већини,
> Поједнице – не мож избројати,
> Но заједно испадне их мало,

али и медијатор пријемчивости и популарности Бећковићеве поезије у способности читаоца да обнови и доживи епску радост препознавања[67].

Поменуто прекопавање по рушевинама језичких темеља и памћења предност је дало окамењеним фразама, идиомима, микроспојевима речи, јетким дијалозима, клишеима. Сем тога и Бећковићева ослоњеност на дуже поетске форме захтевала је и недрила реченицу, за разлику од краћих лирских облика који акцентују реч. Бећковић, сагласан сам са Милошем Вукићевићем[68], вешто твори песму од синтаксичких и фразеолошких окошталих јединица из народног дијелекта. И дужина и ритам Бећковићевог исказа условљени су, пре свега, преузетим изворним матрицама. И то по принципу један стих – једна реченица, са могућношћу и осамостаљеног опстанка, али и синергијског трајања:

> Залуду смо у крст увођени.
> Доспјели смо себи иза леђа
> И без вјере опет умиремо.
> Нестанак ће бити ко настанак.
> Будућност је остатак прошлости
> И биће је докле прошлост траје!

Али, да би ови клишеи и реченице, тачније склопови речи по строго дефинисаном прараспореду и

---

[67] Исто, стр. 104.
[68] Милош Вукићевић: *Бећковићева поема Рече ми један чоек*, у књизи, *Поетика Матије Бећковића*, Октоих, Подгорица, Филозофски факултет, Никшић, 1995, стр. 19–29.

мистериозним канонима импрегнисања, били оно што јесу – језичко памћење односно језгро ко зна колико старе и кад зачете[69], па и заборављене приче, песме, бајалице, анегдоте, легенде и сујеверја, нарочито изреке народне, Бећковић је морао испунити још један захтев. А то је, да ове лексичке формуле, кондензоване кроз векове није даље реконструисао и променио им лик и смисао, већ их је апсолвирао као суштаствено полазиште властитог песничког модела и исказа, јер да би пронађени, иначе неотпорни кодови емитовали себе, смели су да претрпе искључиво суптилне и микропромене. Отуда и Бећковићево признање да његове стихове заправо исписују Ровчани кроз векове, као што су то и раније чинили.

Паратакса, индетерминација, рефрени, хипербола...

Евидентно је, да у својеврсној обнови епског песништва Бећковић није искључиво песник, већ све више и говорник, заговарајући усменост као аутентични исказ песништва и поступак којим се и историја и сумње из прошлости, и предачки говор и њихове тајне, чине препознатљивим и заједничким.

Бећковићеве се поеме множе попут пузавица и са онолико корења колико песник поседује енергије да садржајних исказа смисаоно умрежи и наниже (за сваког читаоца по једну варијацију на задату тему), али се у виду кружних спирала полако уздижу. Отуда, преузимање паратаксичности из епског причања не изненађује, али чуди то што

---

[69] Ново Вуковић: *Вербалне формуле у функцији Бећковићеве ијесничке реторике*, у књизи, *Поетика Матије Бећковића,* Октоих, Подгорица, Филозофски факултет, Никшић, 1995, стр. 34.

Бећковић храбро користи паратаксични систем и у дугим формама, чију је монотонију избегао организацијом стихова по правилу: један (не)зависан стих – једно (не)зависно поређење. Посебна учесталост им је у поеми *Кажа*:

> Да то земља више не може поднети,
> Да мртви неће лако попустити,
> Да се ником није ни језик распао,
> Да ће имати шта да кажу кад им пукне трпило,
> Да нису зарасла уста на камену,
> Да све имају у костима записано.
>
> Да ће се кости пресвући кожама,
> Да је чоек дубљи од сваког страдања,
> Да свака јама има два излаза,
> Да ниједно време не пролази узалуд.

О том српском усуду – „неименом" смртном месту успешна је игра једне једине речи:

> Али је било јама
> и без јама,
> Јама и јама,
> Јама у јамама,
> Јама над јамама
> И јама под јамама.

Оправдање и извор оваквог поступка, иначе присутног и у античкој граматици, јесте у аналогији са живим говором у Црној Гори, за који је паратакса заправо правило, како тврди и Ровински.

Бећковићев говор стреми далеким коренима, под условом да су познати његовим читаоцима, који осим усмених беседа и прича уз ватру и гусле, памте и бајке. Често почетак („Рече ми један чоек, / на једноме мјесту, / код једнога човека" или „Чуо сам..." или „То је било неђе овако" или „Био једном један"), па и читава „кажа", и чујно и семантички наликује уобичајеној првој реченици бајколиког сказа по заступљеној техници индетерминације или недетерминације јунака и/или наратора на ветрометини (од неодређености и неконкретности, преко „околишења", избегавања тачног ословљавања и супституције заменичким редом – „ово", „оно", „неко", „нико", па до мистериозног негирања).

Очекујуће опасности које паратаксичност доноси у поемама, Бећковић елиминише учесталим рефренима, чија улога није само у правилним ритмичким гибањима, већ и у згушњавању садржаја стихова између њих и у њиховом уланчавању и дедуктивном комуницирању. Тако да је особито битна селекција рефрена тачније рефренског топота (нпр. „ниси ти више мали" се појављује осамнаест, „А Бог, као Бог, само ћути и гледа ..." чак двадесет три пута), који је истовремено и читава поема, али и њена кохезиона материја, спремна да читаоцу донесе баш његов доживљај и искуство у вези са рефреном, као носиоцем и ритмичног тока и семантичких бисага и песникових порука свакако, јер читаоци и слушаоци то и очекују и ишчекују док читају или слушају Бећковићеве поеме.

Још једна сличност са бајкама и (не)сачуваним епским умотворинама јесте Бећковићева врло значајна употреба хиперболе[70], што је навело поједине критичаре да тврде како је читава Бећковићева поезија хиперболистичка. Врло је тешко одлучити који је Бећковићев стих парадигматичан пример („ђедов глас бијаше далек / ко нова пушка, /дотураше ко московка, / докле ти око може добачити"), ипак, песма *Расūра ūред Никшићким мана-*

---

[70] Замишљену функцију хиперболе Матија Бећковић верно објашњава стиховима тачније поруком упућеном читаоцима: „Причам само онолико / Колико сте кадри вјеровати".

широм има ли йод небом више богомоље врви од фантастичних, живописних, хиперболисаних и бајколиких слика:

> Гледао сам цркву у свето Кијево
> Сва Црна Гора стала би јој у порту
> А овај манастир би се у њеном олтару
> Могао комотно обртати као радиш
>
> А ко је велики све му је велико
> Замислите само колика јој је брава
> Када у брави станује црквењак
> С читавом фамилијом
>
> До кандила се пење уза стубе
> Друкчије се не може дохватити
> За руб од чаше привезан је чамац
> Којим се мора веслати до жишка
>
> Звоно јој је уједно и календар
> Кад на Божић куцне на једну
> На сами Васкрс врати се на другу страну
> ....
> На сред књиге избија жива вода
> Поп је не може ни читати стојећи
> Него јаше преко оних пустих страница
>
> Кад прочита аз
> Одјаше до буки
> Код буки га чека одморни коњ
> Па појући одјезди до вједи,

а ипак препознатљивих или већ замишљених догађаја, независно јесу ли се догодили или ће се догодити.

Хуморни парадокс

Песник зна да паратаксичност и модел индетерминације прете стиху – низање метафора и слика се претаче у патетику, а одсуство прецизности нуди бледе и помућене контуре друге обале („они" или „тамоони"); док оба прозвана поступка не превазилазе, за Бећковићево певање кључни парадокс утемељен на нескладу између племенских идеала и тренутних вредности припадника исте заједнице, што је и сучељавање две тачке гледишта, две перспективе, два времена. Бећковић је вешто посегао за компензаторним механизмима: иронијом је успео да супституише патетику („Око за око – док оћорависмо, / Зуб за зуб – док обезубисмо, / Главу за главу – док обезглависмо"), а са хуморним ефектима као најефектнијим критичким средством, па и табуираних појмова и феномена (нпр. карикатура некадашње славе и јунаштва), читаоце превози на другу обалу, јер је ка њој својим крајњим смислом усмерен сав тај хуморни говор у негацијама и о негацијама[71] (нпр. у песми *Смрт Перка Пушељина,* наратор стиховима: „није ко она моја вирања и зинданија, / ни телера, ни подница ко у друге куће" или „није безродица и бездомица, / ко она моја удреница, / па га није било срамота рећ чија је, / ко што је мене, / па нек ти је и грднија, / љепотиште на буњиште" – преко негације у првом примеру казивачевог дома, а у другом казивачеве жене, преношењем слика, заправо дочарава кућу и жену поменутог Перка)[72].

---

[71] Ранко Поповић: *Завјетна свијест у поезији Матије Бећковића,* у зборнику, *Матија Бећковић, песник,* Народна библиотека „Стефан Првовенчани", Краљево, 2002, стр. 68.
[72] Успех антитетичких фигура (у овом примеру једночланог – оксиморона по шеми: не А, него Б) зависи од ефектности опречности, али и од тога колико се противре-

Помажући ефекат, иницијатор и извориште, уз демистификаторску функцију, завредели су и аутоиронија и аутопародија[73]. На тај начин, песник извргава руглу поједине догме и садашње слабости („Нема Бога, / а има Божића. / Има Царев лаз, / а нема Цара"), пародира на лажне слике из прошлости („Јер да смо били, / Не бисмо се загубили / У свашто упустили / И толико испод себе силазили / Не би ли се спасили и откупили"), исмејава данашње неубедљиве копије глорификованог времена („Најприје бијаше јунака, / А сад онијег те о њима причају! / Они што преживјеше, / Ти јој образ узеше! / Који је надживјеше, / Ти је утријеше!"), алудира и изриче супротне, па и јеретичке ставове у односу на опште важеће („Боље нестати / Него опстати", „Спас је био у пропасти"), све благодарећи сказу, хумору и иронији („Сналазећи се да опстанемо, / Успели смо да нестанемо"), а пре свега понуђеној моћи да читаоци препознају себе или своје претке у, макар и неидентификованим јунацима Бећковићевих дијалекатских поема.

Парадоксичност Бећковићевих стихова трансформише се у афористичност реторике, обично одевену у антитетичке фигуре (најчешће оксиморове и контрасте), који нелогичност и апсурдност претачу у суштину. Привидна несмисленост упорно одзвања кроз субординиране (што је ипак карактеристика Бећковићевег певања) и изузетно од-

---

чност стварно осећа. Колико су омиљени и заступљени у усменим изрекама словенских говорних подручја говори синтагма – *словенска антитеза* (контраст по типу: А не А, него Б).

[73] Колико је аутоиронија давала читаоцима моћ препознавања у Бећковићевим стиховима илуструје податак да су се годинама радо причали као виц његови следећи стихови: „Кад сам чуо да Триглав није у Црну Гору, / три дана сам преплакао, Острога ми, / ничим се нијесам имо учешити", а да већином, они који су их уз смех „плетипричали", нису ни знали за њихово право порекло.

мерене синтагме и заокружене реченице, говором Бећковићевих јунака, који су и противречни и блиски, међусобно зависни, допуњујући један другог. И ови стихови, иако ниска опречних стихова, попут осталих структура Бећковићеве поетике, опстају и трају и као издвојени стихови, али иако по канону један контраст – једна реченица, самостални и независни од претходних или следећих, ипак пун смисао добијају у хијерархији. Одора наречених игроказа „духовите бесмислице" некада је само један стих („Само аветни зборе паметно", „Један је полудео од поштења", „Опростите онима које сте побили", „Истина је разлог што се не верује") или двостих („Споро сазревамо / Рађамо се до смрти", „И кад буде горе, / Биће нам боље", „А само онај ко је мрзео себе / Волео је Истину", „Нит што има, / Нити јој што фали", „Ако је броја / Само се нама не броји") или читава строфа („Што нису желели / То су једва чекали, / Ко неће – морао је, / Ко хоће – нису му дали") или сегмент строфе са двостихованим оксиморонима („Дубља од језика / Који није знала. / Паметнија од народа / Кога није имала / Била је живља / Кад је нестала") или, пак, строфа по споју један стих – једна духовита нелогичност („Својим путем – у туђем правцу, / Са вером – која се не верује / И Вождом – кога нико не следи, / Ишли су циљу – који ником не треба"), али увек са идентичним принципом међуусловљавања. Чак је и читава поема *Лако је друђијема* исписана њима, а у *Кажи* неретко и једна од бројних кажа:

> И безизлаз је бољи од излаза
> И неслога од слоге,
> Кад год смо се сложили,
> Нисмо ништа ваљали.
>
> Да смо били једно,
> Сви бисмо се брукали,

Да има излаза,
Већ бисмо га пронашли.

И добро је што смо се подвојили,
А кад је тако – што смо се побили,
Нек се зна ко је јачи
И крволочнији

Такви смо,
А није нам суђено,
Казна је за невине,
А нема је за кривце.

Кад је тако почело,
Нека се и заврши,

чије су актуелност и савременост, као још један разлог поистовећивања читалаца и казивача, очигледне и потребне.

Идентификација у пророковању

Писци обично пишу о чему ћуте и о ономе што мучи и њих и њихов народ, те није ретка употреба просветљујућих речи, речи проповеди и предсказања, не би ли се заједнички бол и страх умањили или удаљили. Учесталији су у реторичким говорима и у реактивираним прајезичким обрасцима због примамљујућег и бржег пријема од реципијената. И поезија Матије Бећковића равна се према давно уведеном пророчком канону[74], уз напомену да њен предмет антиципације (судбина народа и појединца у смутним временима), као заједнички имени-

---

[74] Михајло Пантић: *Пророчки стилски синдром у поезији Матије Бећковића*, у зборнику, *Матија Бећковић, песник*, Народна библиотека „Стефан Првовенчани", Краљево, 2002, стр. 75.

тељ и песника и оних којима пише, одржава тензију разумевања из које се гранају појединачна искуства заточника Бећковићеве беседе.

На који то још начин Бећковић заслужује ову одредницу, а да се као сваки пророк не огрће одором мистицизма и не дистанцира од читалаца, код којих је већ изазвана жудња и за познатим језиком и за значајним садржајем тог и таквог језика?

То су три битна и комплементарна сегмента која не нарушавају успостављену епску радост препознавања и поистовећивања читалаца и слушалаца са оним о чему Бећковић пева и прича: (ауто)иронија, негација и фигуративни игрокази.

Хуморни ефекти и иронија привидно ублажавају, а заправо потенцирају пророковање као дискурс. Осећај немоћи, безнађа, залуда („Спасења и нема / Ако нисмо шта смо / И шта ће нам / Кад га нисмо заслужили"), близину краја и заборава („Остаће онај ко могне без ичега"), па и најаву апокалипсе усвајају читаоци и слушаоци са мање страха и језе, ако су им саопштене на комичан начин, па и у форми гротеске:

> Било је и Бога,
> Па веле више га нема!
> А боље је и да га нема,
> Но да није Бог!
> Нема Бога чим нема Црногораца,
> Не може ни Бог постојати сам!

Механизам аутоироније па до аутопародије приближава публику тексту, која се препознаје и идентификује, али истовремено и песникова упозорења и бојазни одлаже и игнорише и за тренутак помисли да њој није намењена.

Песимизам је узрок песниковог негирања и ироничне депатронизације пророка и праузора („Док је Бог постојао"). Сумња у њихову моћ фаворизује негативна предсказања и црну боју као и појединачну и националну судбину:

> Кукавица кука само у Црној Гори.
> Кукавица је црногорска птица,
> а кукање црногорска пјесма.
> Ниђе друго није ни пристала.
> Ко би други знао зашто кука?
> Сметала би свакоме сем нама.

Негацију са предзнаком геометријске прогресије, Бећковић започиње од минимизирања прошлости (што одговара Бећковићевом језику допрлом до његовог памћења и суштине), свесрдно прихватајући суд да само део прошлости постоји и данас и сутра ће, заједно са фрагментима данашњег света („Било како било / Биће како буде"), али, суштинско је питање, у каквом образу. Зато Бећковић сугерише и предсказује да је сутра реалан и остварљив појам и да га нико не може укинути, иако је данас само неубедљива сенка славног јуче („Чим је овако добро је / Још и не знамо како је / Могло је бити и горе / Добро је како је год").

По апсолвираним законитостима природе, песник доминантном алузијом лако савладава стварно и језичку тренутност, а затим, захваљујући правилу вечног понављања, пева и по ко зна који пут објављује оно што смо били и шта нам се дешавало. Након чега песник предвиђа, пророкује и лелече шта смо данас и шта сутра морамо бити[75], односно шта смо могли бити, а нисмо, или шта ћемо бити, а нисмо морали:

> Што смо се сналазили
> Да бисмо опстали,

---

[75] Саво Лаушевић: *Матија Бећковић или пјесничко слушање језика*, у књизи, *Поетика Матије Бећковића*, Октоих, Подгорица, Филозофски факултет, Никшић, 1995, стр. 144.

> Сви би разумели
> И опростили.
>
> Али ко се сналази
> Да би нестануо,
> Искоренио се,
> Без себе остао,
> Није могао разумети нико.

Не треба наглашавати колико је овакав говор већ слушан и читан и присвајан од Бећковићеве публике, у том трену необично и живахно ангажоване и са повишеним степеном температуре и блискости, независно од мрака прогласа, који им песник немилосрдно и гласноговорно упућује и покушава да их надговори као и његов безимени и брбљиви јунак у поеми *Ђе рече Јаһан*: „причам не бих ли се сетио / Онога што сам заборавио".

Доступност до читалаца омогућавају и игрокази и фигурације, а Бећковићево песништво је право фигуративно изобиље[76], јер је и свакодневни говор крцат фигуративношћу, алегоричношћу, метафоричношћу, вигилним маштањима, игроказима и обртима, као што је то у једној *кажи* о најави „новог почетка":

> После свега није имао име,
> Био је онај кога је Бог знао,
> А сви су знали да је био мртав
> И видели кад је устао,
> Расуте кости под земљом сакупио
> И себе саставио,
> У својој крви све крви окупио
> И обукао све у једно тело.

---

[76] Миодраг Радовић: *Песничко и непесничко у делу Матије Бећковића*, у књизи, *Поетика Матије Бећковића*, Октоих, Подгорица, Филозофски факултет, Никшић, 1995, стр. 201.

Сем тога, фигуративност и игрокази, као независна и спонтана сублимација, заправо су покретачка вулканска лава у уметности уопште, која настоји да надвлада и превазиђе фактицитет, јер су игрокази и алузивне фигуре више у домену ирационалног него у оквирима рационалног.

У намери да снажно и убедљиво предачко искуство преобликује у нове просторе слободе и савремености који ће бити прихватљиви читаоцима свих годишта, завичаја, ораторства и диплома, Бећковић се оправдано ослонио на несагледива потврђена поређења из живућег говора односно на ризницу готових метафора и примарну фигуративност, јер „језик је народ и творац народа"..

Управо, диференцијација између преузетих и новообликованих језичких микро-обрта и хуморних негација односно преображаја и сображаја праречи и пратемеља језика постаје параметар не само песничке аутентичности у пророчком сказу, већ и у песничком поступку, уопште.

ПАРАДОКСАЛНА МЕТАФОРИЧНОСТ ДУШКА НОВАКОВИЋА

Метафора се састоји у томе да се стварима надену имена, која припадају нечем другом; при томе се пренос врши било с рода на врсту, било с врсте на род, било с врсте на врсту, било по аналогији

Аристотел[77]

Бројни критичари су сагласни да је поезија Душка Новаковића поезија метафоре и контраста. Поезија међузависности наизглед међусобно различитих састојака, чија се заједничка својства издвајају и истичу, а остала потискују. Поезија метафоре као процеса тензије и енергије, очитованих у трајању језика, а не у појединачној речи. Дакле, поезија резонанције метафоре – тежње да се њено значење прошири и да се привуку друга семантичка поља и сфере.

Сагласни су и у томе да Новаковић заснива песму на емпиријским темељима, од врло конкретних позиција, до материјалне опипљивости, до баналности, парадокса, насиља, ерозије, привида и лажи[78], одговарајући на изазове и искуства времена у којем живи(мо) и које све присиљава на послушност, ћутање и саучесништво; осећајући се дужним да сведочи и пише о ономе о чему мисли и

---
[77] Аристотел, *Поетика*, 1457-б,
[78] Михајло Пантић: *Душко Новаковић: Ангажман у форми песме*, у књизи Михајло Пантић: *Свет иза света*, Народна библиотека „Стефан Првовенчани", Краљево, 2002, стр. 126.

болује и да уочи и оно што се види, али и оно што се не да лако видети.

Поменута песничка комбинаторика односно метафорички и зачудни преображај тривијалне стварности у смислени поредак, носи у себи бројне опасности и искушења, којих је песник свестан и са којима рачуна (нпр. да се не досегне очекивани ниво флуидности и метафоричности; да његов дијалог буде без удара, неочекиване поенте и узбудљиве алузије; да песма не прекорачи исфорсирани парадокс)[79]. Песник Новаковић, ипак је одолео искушењима поједностављеног парафразирања свакодневице и баналне ефемерности, благодарећи не само поимању значаја памћења стожера културе, иако све разуђенијих, али битних за песничку реконструкцију историје или њених одељака; већ и селективности релевантног и магистралног, који су у стању да ступе у контакт са прошлим временима, успевајући да се елементи свакодневног и животна тривијалност у Новаковићевим стиховима с лакоћом огрну поетским ореолом[80].

Стога је нужно појаснити и разложити способност Новаковићевог песничког поступка да, пишући о крајње баналаним и тривијалним стварима човекове свакодневице, активира врло сериозне семантичке равни, што је иначе кључна одредница његове поетике. И ево, у даљем тексту, издвојених неколико битних и аутентичних песничких образаца, које би требало апострофирати али и посебно осветлити, не само због вредновања, колико због издвајања из хорског певања.

---

[79] Чедомир Мирковић: *Експлозивна асоцијативност*, у књизи, Чедомир Мирковић, *Суботњи дневник*, Јединство, Приштина, Дечје новине, Горњи Милановац, 1989, стр. 110.

[80] Миодраг Перишић, *Апокриф и салама*, Кораци, Крагујевац, 1987, 9–10, стр. 523.

Отвореност песме

Први предуслов да би се егзистенцијална тескоба и бруталне гротеске преточиле у рафиниране слике и проширила кругове песме у више димензија, више значења и више различитих читања и тумачења јесте отвореност песничког текста као естетска вредност, која је једно од основних обележја модерне поезије и уопште уметности, али истовремено и средиште Новаковићевог ауторског пројекта[81].

Умберто Еко изједначује отвореност значења уметничког дела са вишезначношћу дела. Наиме, отвореност и доступност су интенциона уграђена димензија структуре. Оне су део песничког постулата односно специфичног структуирања дела у оквиру којег аутор себи задаје задатке да све оне који учествују у естетској комуникацији, значи, читаоце или примаоце и реципијенте[82] (како их Еко ословљава) доведе или наведе у ситуацију свесне и активне сарадње, па и уживања, у коначном формирању дела, што вешто чини и песник Душко Новаковић.

Он зна да се отвореност и доступност, када је у питању сива збиља као његова тематска усмереност, могу трансформисати у површност и каталогизацију познатог и читаног. Да до тога не би дошло, песник заговара да је вербализацију изворишних емоција нужно сагледати (читај – читати) кроз призму песникових и читаочевих доживљаја, чулног опажања света и енграмске трагове и отиске, од којих су поједини потиснути и полузаборављени, али и жи-

---
[81] Јасмина Лукић: *Отворени текст*, у књизи, Јасмина Лукић, *Друго лице – прилози читању новијег српског песништва,* Просвета, Београд, 1985, стр. 176.
[82] Умберто Еко, *Отворено дело*, Веселин Маслеша, Сарајево, 1965, стр. 83.

вахни и аутентични, иако – мерено временом – замрзнути односно заустављени.

Читаоци, одгонетајући Новаковићеве загонетке, решавајући ребусе и ослушкујући подлогу поскочица и тужбалица, захваљујући кодираном језику препознају свет песме – сваки читалац за себе. Поистовећујући га са својим светом детињства и младости, читалац је у моћи да уочи кључне речи као симболички дискурс. По Ивану Негришорцу, у таквим комплексним ситуацијама Новаковићева поезија евоцира свима доступну, препознатљиву, па и банални животну ситуацију, прелама је кроз визуру битних егзистенцијалних стања, да би у њима назрела оно смисаоно, трајно и непроменљиво, што се као бразготина, као нешто сасвим нехотично и случајно, урезује на лицу човека и света[83].

Значи, Новаковићева поезија јесте доступна и отворена. И увек се враћа пукотинама и веристичким детаљима хаоса и кошмара свакодневице кроз интелектуалност, лексичко усложњавање и преобликовање песме, као и кроз дестабилизацију стварности. И труди се да поново отвори песнички текст према могућностима из стварности, што је основна нит Новаковићевог стиха.

Песме из два плана

Новаковићеве песме нису значајне само због тема које покрећу или због дилема које саопштавају, већ и због начина на који то чине. Иако песник акрибично темељи своје стихове на хаосу свакодневице и егзистенцијалној теготи, то није једина и

---

[83] Иван Негришорац: *Огреботина смисла*, у књизи, *Поезија Душка Новаковићева – зборник радова*, Матица српска, Нови Сад, 1999, стр. 27.

искључујућа раван безмало сваке песме. Наиме, Новаковић, користећи метафоричност и ироничност, као средства којима се дотада неповезани предмети и појаве доводе у поезији у компатибилну везу ради деловања на промисао и импулсе извирује из њиховог положаја и из комбинација успостављених између њих, инсистира да угради у тематски почетак у виду аналогије или у подтексту и другу семантичку раван. Заправо, као да песма делује из два равноправна и надасве ненаметљива плана, из две емисионе тачке, које су повремено толико међусобно удаљене, да их је наизглед немогуће сјединити у једну песму. Новаковић, их пак уједињује и семантички развија и разиграва у само једној песми, неретко и у само једном стиху.

Песник реализује концепт песме из два или више планова на аутентичан и занимљив начин. Наиме, згуснути Новаковићеви стихови се споро крећу на енергији захтевне реторике, и на корак до гласности и поентирања песме – они се стишавају, заустављају, дозвољавајући другим језичким и значењским слојевима из подтекста и из метајезика да се реализују, чинећи на тај начин да се читава песма доживљава као брижљиво и без журбе стварана реченица односно као „развој једне слике, мисли или осећања"[84] односно као развој више „слика, мисли и осећања" унутар једне слике-песме.

Тако у песми *Врећа* осим телескопског виђења месеца попут „давно отпале фирме одгонетнутог фењерџије" па до заиста његовог зачудног изгледа као „укварене пастрмке измигољене из подеротине на врећи" уводи се из другог стварносног плана и „газда" који „је збрисао путељком према ували да тамани пирате и анђеле", а касније и „неко ко

---

[84] Гојко Божовић: *Поезија у времену*, у књизи, Гојко Божовић, *Поезија у времену*, Октоих, Подгорица, 2000, стр. 230.

тоне кроз слојеве водене повести" асоцирајући и на „трагедију дотичног", али и на извориште живота, што, по речима Новаковића „шири појам" читаве песме, о чему сведоче и „Ахајци", којима се песник обраћа.

Мала пијаца : Валандово истовремено је и опомена попут обновљене „језичке варијанте Вавилона" (у другој варијанти „језичке мрвице Вавилона"), коју чини неочекивани и некохезиони лексички низ :

> То су Дар ес Салам, крда камила, пингвини
> Мајка сиротог Брехта, Бертолд Брехт лично
> И моја мајка, ништа сиротија, јер испарава.

тог момента ипак необјашњив след. У наставку *Мала пијаца : Валандово* је реалистичка и жива слика („неке ситнице... које народ памти... брашно, шећер, со и уље / и своје мртве синове"). А у следећој (трећој) строфи она је Новаковићев сан, нада, реминисценција, али и позив упомоћ упућен предањима (или је то критика и сатира хиперболисања традиције и митоманског менталитета) :

> То си ти, на југу, мала пијацо : Валандово
> Одакле се утоварају калорије и пароле
> Утовара медицина пчела и напори хранљиве
>   маште
> Да се пробуде заспали дивови на копну и на
>   мору.

А до тада, „уз осмех који није сувишан" преостаје нам подругљиво и увредљиво иштониран дон-кихотовски усуд, који је нажалост преживео, за разлику од угодности и потенције митова („А песници... од вина поблесаве... пришивају крила и са трибине / Цвркућу о златним уделима земље").

У песмама о тескоби и слободи, о егзистенцији и политици, о избору и моралу, као што је то *До-*

лазак саветника као подлога се назире нико други до Домановићеви сатирични записи. И данас актуелни и препознатљиви у песниковој и нашој околини и збиљи. Преображени су само варијетети полтронства. Данас су значајно усавршенији и сликовитији. Ни видовити Домановић их није могао предвидети :

> Треба саветнике поздрављати дуж улица.
> Сваки договор од раније одложити
> Сваку потребу померити за сутра, прекосутра.
> Сви на улице, одјекује из звучника.
> И ми саветнике поздрављамо. Узвицима
> Осмесима, овацијама. Путању куда пролазе
> Цветним ћилима застиремо. Фасаде смо, преко ноћи
> Орибали, жгадију под присмотром ставили
> Курве уклонили са плочника. И друге олупине,

иако их Новаковићев читалац присваја без саплитања и комуницира са саркастичним метафорама без великих тешкоћа.

Чести и ефектни митолошки појмови и ликови, из другог плана, допуњују и преусмеравају ток песме, продубљујући и умножавајући основни план Новаковићеве песме и њених састојака, чак и оних који повремено наликују декору односно атмосфери стихова до, већ прозване и неочекиване појавности историје и легенде. Зато не чуди што се у песмама које су испровициране болестима данашњег друштва појављују Афродита, Орест, Телемах, Езоп, Зевс, Орфеј, краљ Мида, Сократ, Дедал, па и Роберт Грејвз. Ту су међутим и Ајнштајн, Гете, дух Хамлетовог оца, али и Нил Армстронг, Маркс и Лењин, Џими Хендрикс и Јованка од Орлеана – сви са задатком да се усаде у полазну семантичку линију и нужно је обогате новим могућностима и визурама, заснованим на искуству и памћењу, превасходно. И на тај начин дијалог са стварношћу је и дијалог са митом, историјом, филозофијом и поезијом, али и обратно, јер су дислоцирани и дестабилизовани и време и место и јунаци Новаковићевог песништва. Штавише, не либи се песник да унутар једне књиге, па и једног циклуса, успостави контакт ликова из различитих времена и цивилизација чији је заједнички именитељ детаљ или сентенца, битни за већ поменути „развој једне слике, смисла или осећања". Можда је однос оца и сина, одсуство оца, па и оцеубиство (асоцирају га својим именом поједини актери преузети из грчке митологије) необично илустративно због емотивног набоја који не јењава зависно од нивоа или емисионог фокуса песме.

У песми *Заустављени* песник „на Месецу пободену заставу / Само једне државе и што самује / Као крпа коју је усвојио заборав" супроставља Дарвиновим и Њутновим открићима, где проналази каузалност за пратиоце данашњег човека, као што су „ратови, губици вољених, сеобе, неосетљивост, дресура" који „никоме не слуте добро" и „никамо не воде", искрен је Новаковић.

Песму *Између редова* читамо као монолог Казимјежа Брандиса, а у *Саопштењу о посвети* песник доводи у контекст Езру Паунда, оно што се „зидано дању обурвава ноћу" и „двоумљење да ли да стегне песницу и од себе направи грешку". Ту су и Кавафи и Дис.

Прихваћени суд Михајла Пантића да је Новаковићево песништво метафоричка прерада историјске и митске, али и свакодневне стварности, потврђује обиље библијских мотива, који метајезички и метафразички као близак комуникациони систем извесних знакова и симбола надграђују и смисаоно емитују полазну тачку песме у макар, две жиже, односно два пригушена пулсатора. У песми

Пре понори и пукотине људске душе, карактеристични за сва времена, у религијском тумачењу стичу универзални смисао болести савременог човека, али и обнављање наде у свемоћ природе и Бога. *Лествице* је песма у којој се смрт мајке и њен овоземни одлазак, у само једном почетном стиху доводи у контекст са библијским мотивом Јаковљевих лествица, аналогијом са тонским лествицама, уз које је растао мајчин „срмени глас" којим је преливала завичајни „крш и море". Исповедна песма *Благајник* је асоцијација на Јудину издају и среброљубље (тренутно већински и доминантан у нашој збиљи). У *Људима гребена* егзистенцијална виталност и креативност су у контрапункту са вечитим Христовим ранама, којима наше незнање не дозвољава да зацеле. Али, непросвећеност, по песнику, јесте у узрочној вези са њиховим тужним сеобама односно бекствима на брзину, као и особеним почецима на местима као што је гребен, на којем им нико неће завидети, нити ће га пожелети. А што претпоставља тренутну безбедност и одлагање следеће сеобе. Иначе, ране Христове су Новаковићева опсесивна тема. Иницијални страх од губитка вида узрокован траумом, почетну раван песме испуњава разноликим ранама данашњег кримогеног друштва (нпр. „рана од шверцерског ножа", „рана уличних обрачуна", „рана на грлићу ножа", рана од „ланаца, цигли и пајсера"), да би каснији суживот са њом инсистирао на прозивању људи који су „патили од ране" (нпр. Валери, по песниковом избору). У даљем току песме, увођењем друге равни-песме, Новаковић тврди да „цео свет је рана", јер:

> Само је једна рана
> Ускрсла од сопствене ране
> Исусова
> И од тада
> Стално је негде затичемо.

А на крају песме и иронично препоручује да „брзе ране скраћују поступак око уласка у небо".

У структурирању песме из два плана Новаковић посеже за тзв. поентирањем песме, усаглашене на личну и колективну емпирију. Он то чини онако како прозни писци поентирају у кратким формама, мењајући ток песме и преусмеравајући га, често ка токовима неочекиваног, па и сасвим супротног значења. У тим тачкама укрштања песме потребна је и довољна само једна реч, слика или асоцијација, да би се читава дотада стварносна песма пребацила из једног времена у друго. Из једне области у другу, трудећи се да остави слободне везе, зарад лаког накнадног враћања прволиком изворишту у следећој, или у истој песми.

Почетни стих „Цветање крвотока било нам је могуће само ноћу" песме *Реверс* алудира на страх не само „бојажљивих људи-креда" који се у крију у зидовима стана од агресивних „људи са опремом на реверс" који у Домановићевом амбијенту „трагају за сновним кривцима"; него и тескобу и безнађе стварности у којој преживљавамо сви заједно и свако на свој начин. И баш у тренутку нуђења решења и компромиса, бљесне последњи стих : „Нил Армстронг, стопалима раздевичио Месец!" и сву минорност сопствене трагичности обесмислио и омогућио дотада неочекивану рецепцију. Плач гладног одојчета и чујно закаснело дојење у истоименој песми, враћа песника у свет детињства и безбрижности („Ја, с друге стране зида још настављам да дојим уместо њега"), да би у завршном стиху поменуте песме песник попут „самотника у мраку" ненадано почео да „црта... људе који су сачували свој еденски врт, не дижући зидове", што већ именује и наговештава и опомиње, али и наводи активне читаоце на промишљања и смисаоног продубљивања Новаковићевих стихова. И *Лампа* као захвални употребни предмет у завршној строфи се преображава у „дух Хамлетовог оца" који „у глуво доба, сече и жести", укључујући у животну збиљу и културно-историјске асоцијације.

У намери да реализује семантичку двострукост односно вишеструкост песништва Новаковић посеже за веризмом необичне односно неочекиване архитектуре, у којој осим елемената митског и архетипског мишљења, као градивна супстанција, поред учесталих и доминирајућих монолога – јесте и дијалог (нпр. у песмама *Упад*, *Браћа*, *Повест о стишању презира*, *Оваквом круном никаквим се тријумфом не управља*, *Пиво-блуз*, *Утисци оног тамо у огледалу*).

(Пре)именовање

Очигледно да је песник поставио пред собом обавезу да изменом језика, термина, непрестано усложњава ток песме и избегава не само ослањање на само једну димензију и на једну притоку песме, већ и површност тематског полазишта из свакодневља. Песник, без бојазни од иновација, прибегао је ненаметљивом преименовању субјеката и појава, али и неочекиваном именовању обично неидентификованих актера Новаковићеве песме, пре свега захваљујући вештини и окретности поетске имагинације способне да се лексички преобразе и сама факта света око нас.

У стиховима када поетска имагинација поступком (пре)именовања односно преобликовања или дестабилизацијом постојећег и реалног, успе да надрасте раван појавности од које је кренула – пред читаоцима је песништво вишеструких значења, утемељено и у историји, и у миту, и у религији, и у традицији, и у култури, и у литератури. Такво је песништво у исти мах актуелна слика света дата из визуре поетске индивидуалности и емпирије, и преко огледала постала доступна и отворена у својој архитектури и вишезначајности.

Простим именовањем субјекта Орестом у песми о детињству *Вечера се охлади, Оресте* односно у болној супституцији оца очухом понуђен је изразит и комплексан оквир разумевања, а то је митопоетизовани оквир, који је, иако рефрен (поменут у наслову и такав поновљен у само једном стиху), био довољан да лирска прича о детињству нараста у сериозне смисаоне заплете и продужава их у неколико рукаваца митом обележене или жигосане стварности.

Колику важност има само једна реч за Новаковићево песништво илуструје песма *Црна мокраћа* која у целини гласи :

> Понекад, горе, на димњацима,
> Учини ми се да чујем –
> Безбрижно ћућоре есесовци,
> А оно што се слива са таванице
> И капље, кап по кап, да је
> Њихова црна мокраћа.

Мрачни амбијент егзистенцијалне и социјалне тескобе и пасивности, једна једина реч – „есесовци", реактивирају један историјски период. Значи, тренутно историзују, конкретно универзализују, а ванвременско (мада не тако дистанцирано) реактуелизују. У моменту надирања апокалиптичких сећања попут вулканске лаве, васкрсавају и умножавају се и емоције и ожиљци, за које смо претпостављали да су заборављени и потиснути. А нису, већ се свежи и упечатљиви репродукују као упозорења пред читаоцима и у читаоцима. Као у песми *Такви су наши мртви из последњег грађанског рата*:

Молимо их да нам препусте
Живот без освете
У једва скрпљеној домовини

Коначно, молимо их да нас
Не надживљују више

Није ствар у томе да се враћамо
И наплаћујемо већ наплаћено

И није реч о томе да можемо заборавити
Оно што се не уме заборавити

Морамо променити себе
И све те мртваце у себи.

У таквим тренуцима дубоке напрслине и ожиљци на лицу бројних савремених предмета и појава, зачас изазивају и асоцирају песникову зебњу узроковану спознајом света и свакодневице загледане у пропаст и наклоњене јој. Неугодност због изгледа и суштаства песникове околине метафизичког је карактера[85]. У појави имагинирања историје, као што је у цитираној песми или некој другој, увек је било ближа било даља историјско-митска конфигурација стиха (макар и само назначена), дубоко повезана са социјалном свакодневицом из које лирски субјект говори и са искуством и појединаца и колектива који се попут присилних неуроза и кишних облака надвијају над песмама и читаоцима.

Парадоксална метафоричност

Како је песников поступак нарочита метафоричка прерада песникове стварности (и хаоса свакодневице, и историје која оптерећује, и прастарих

---

[85] Исто, стр. 223.

митова, и кошмарне снохватице), чија је нарочитост и у контрасту и контрапункту, што бива особеност архитектуре Новаковићевог песништва. Зато, песник посеже за оштрим семантичким заокретима од строфе до строфе, па и од стиха до стиха, чиме омогућава по правилу неидентификованом јунаку песме и самој песми да изађу из себе, значи, из једног тематског и темпоралног координатног система значења у други, на први поглед, неочекиван, необјашњив и зачудан вредносни оквир поређења. Као што је то у песми *Награда*: „Обазрив на ниске, фарове псеће... / Као кад у октобру паљба ремаца одјекује" или у песми *Да није кока-коле*: „Кока-кола је ступила на тло поносне Југославије / Као Колумбо на тло дивље Америке".

Евидентна је Новаковићева тежња да се акумулирано искуство веристички преради и пропусти кроз филтер аналогије и контрапункта, да би добило необичне и неочекиване, што да не рећи – парадоксалне метафоричке конкретности. Већина Новаковићевих критичара као сведока за ову тврдњу позивају песму *Купус*, мада је круг песама много дужи (нпр. *Последња тачка, Завршница, Утисци оног тамо у огледалу, Кошуља, Дијалог о немару, Схватљиво, Улица, Трошење носорога*). Међутим, приоритет припада антологијској и зачудној песми толико обичног имена *Купус*, у којој је прастари српски домаћински егзистенцијални посао, одолео и урбаним условима живота, попут обреда и генске шифре, преносећи се генерацијама.

У првој строфи:

Опасан кованим обручима, очерупан и сложен,
У спремишту где је очев купус сазревао
И мој купус сазрева

лоциран је очекиван статус беспомоћности купуса, али и дискретна најава иницијације, уз напомену да је језик заиста јасан, али да одјекује другим смислима и асоцијацијама које достижу било аналогијом било контрастом оне семантичке равни које су и у песми и изнад и иза ње.

Почетни стих друге строфе:

Со му се под нокте забада, жеђа га и мучи,

као и завршни исте строфе:

И мој се трза зверски. Камен га, одозго, сабија

већ нуди аналогијом са тамницама и утамниченима, којима наша историја обилује. А актер најсликовитије епске песме је чувени српски хајдук познат као Мали Радојица, иначе сужањ у истоименој песми.

Иако је терминологија сасвим прилагођена прастаром кисељењу купуса ипак су њихови одјеци двосмислени или вишесмислени, тако да су отргнути стихови из треће строфе:

Дроњци му, у марту, кроз дашчане штангле
                                      избијају
Од топлине коју глодар преноси из
                                  раскрвављене њиве

ближи другом полу односно другој емисионој тачки песме. Завршни стих четврте строфе („главица лишена меморије") и најскептичније читаоце ће убедити у Новаковићеву способност да језиком свакодневице, речима које одражавају предмет писања, пробуди и распламса дубоке и у том тренутку песме неочекиване семантичке равни.

И пета строфа, и она је сатирична, коју цитирам целу:

А код сазрелог, без меморије, код купуса,
Труп би се млитаво опружио, руке замлатарале
У празно, а бела, пребела мождина,

Ако је каца није просејала,
Зашкргутала би у старим обредима
Наследства које се бдијући над колевком
Опире свакој залудности.
Док се размена не обави

пример је упечатљиве и чудесне метаморфозе и даљег расипања баналности у смислене сфере стиха, отварајући, овом приликом, филозофска и егзистенцијална питања живота (колевка) и смрти у виду „размене" и иницијације, још једном (али на врху спирале, а не на крају круга). Као и дилеме вечности и залудности. Традиције (стари обреди и наследства) и модернизма (без меморије).

Бројни су покушаји да се објасни наведено језичко умеће песника Новаковића. Којом формулом и помоћу којих састојака то достиже. Свакако метафором и њеним варијететима, јер је метафора за Новаковића начин поимања и размишљања.

Пре свега, епифором (у преради мита и историје), која упућује на шире семантичке контексте и имплицира нова значења. Ретко дијафором која, полазећи од конкретног, тежи да концентрише значење метафоре на један унутрашњи фокус, те тако песма добија предметну реалност.

Ипак, комуникациони знакови, мостови и валенце, које аутор ненаметљиво ставља пред читаоце, кључне су и за тумачење, али и за правилно односно антиципирано од стране песника, тумачење стихова, преобликованих у раније поменуту резонанцу метафоричности. Новаковић се труди да избегне наметљивост и присилу својих стихова. Не користи саставне елементе и функције из области активне односно вољне пажње као што су селективност, мотивисаност, усмереност и усредсређеност. Песник рачуна на пасивну тзв. емоционалну пажњу својих читалаца у току одгонетања његових замисли. Ова врста пажње зависи пре свега од квалитета или карактера дражи из спољњег света (пренето на однос песник-читалац значи битно је питање избора тема и дилема које ће реципијенти преузимати са страница књига). Затим, условљава је још један суптилан и индивидуалан процес, а то је слагање дражи из спољњег света са унутрашњим стањем конзумента (у преводу, кроз однос песниковог језика и идеје са искуством и емоционалним потенцијалом читаоца). Емоционална пажња особито доминира код сниженог прага спознаје због спојивости и компатибилности спољњег и унутрашњег света, али и због трајности тог јединства.

Међутим, Новаковић би корак даље, да речима и сликама као специфичним знаковима и симболима препознавања, пробуди у читаоцу оно његово искуствено и маштовито (чак и оно што је, на први поглед, неповратно изгубљено и заборављено), али спојиво са светом који писац нуди активним реципијентима; и да тако они (читаоци) окончавају Новаковићеву песму. За такав подухват Новаковић се ослонио на емоционалне реакције читалаца односно на емоционално памћење као вечан и реверзибилан процес. Наиме, песник је свестан да су емоциналне реакције изазване код читаоца силовите, поједностављене и брзе перцепције и промисли о ономе што се чита. Могу бити тако експлозивне да прођу мимо читаоца пре него што их је спознао, искључујући обазривост и аналитичку обраду поменутих дражи, јер интервал између стиха и изазване реакције је муњевит и захтева одговарајући механизам за обавештавање до аутоматизма.

Логика емоционалног памћења и враћања је нужно асоцијативна, јер користи елементе који симболизују жељену поруку или пак подсећају на њу (нпр. у песми *Да није Кока-коле* из самог наслова очита је песникова пажња посвећена савременом феномену токсичног пића (и не само њега), али необично заступљеног благодарећи маркетиншким нелогичним подвизима). У првом читању (Фројд би рекао „у примарном процесу") ослобођене асоцијације одређују даљи ток рецепције, у овом случају, Новаковићевих песама. Један објекат провоцира или симболизује други. Једно се осећање замењује другим. Не постоји време као баријера логике. Не важи законитост узрока и последица. Укинута је реч „не" – све је могуће.

Да би избегао наведену замку неконтролисаног, евентуално и хаотичног тумачења (што је први импулс), Новаковић се определио за другу врсту емоционалног реаговања – спорију и опрезнију, а читаоци су обично свесни слика или мисли које их воде ка емоцијијама. Код ове врсте емоционалне реакције обавештење је продужено; иницијатор дозвољава да читаочеве мисли и искуство одабирају компатибилне реакције из памћења и подвргава их промишљању. Зато је песник усвојио претпоставку да емоционалну реакцију, пре свих, условљава наречени предмет стихoвања, који изазива комплексан репертоар емоција и сећања подударних или опречних са почетним. И то по важећем принципу да снажна осећања изазивају хитру, нехатну, очигледну, али и непромишљену реакцију, док неодређени и суптилни „окидачи" остају на кратко недокучени и одговор није увек адекватан и захтева абреаговање (нпр. у поменутој песми *Купус* синтагме „подрумска тмуша", „топлину глодар преноси из раскрвављене њиве", „со му се под нокте забада" и „камен га, одозго, сабија" тек умрежене и уланчане и са извесном временском дистанцом, недре и упливишу на избор асоцијација, док синтагма „главица лишена меморије" постиже и вертикалне корелације и компарације). Затим, врло је битан механизам селекције који одабира и прихвата асоцијације, подражавајући и објашњавајући жељено, а потискујући и занемарујући супротно или недетерминисано. У тим примерима, рационални ум може обуздати емоцинални, рационализује их и покушава да објасни и оправда, не уочавајући утицај емоционалне меморије. Тада се фактички емоционални суд пресељава у рационални, користећи га у своје сврхе[86].

Вођен доктрином да емоционалним одговором управља осећање које је претходило, долазимо до закључка да ствари уопште не треба тумачити онаквим каквим јесу, већ каквим их опажамо или каквим смо их доживели. Оне су, заправо, онакве каквим их ми видимо, јер, ако нас неки предмет на нешто подсећа, то је важније од онога шта он јесте[87].

Иако симплифицирана конфигурација Новаковићеве песме априори као метафоричка прерада, кроз њене се сегменте и сочива прелама у више боја и значења све оно упамћено и доживљено, проистекло из мита, традиције, предања, историје, цивилизације, литературе, културе. И на тај начин песник читаоцима ненаметљиво саображава своје стихове у доступним и препознатљивим референцама, што обезбеђује даљи, од стране читалаца, асоцијативан и компаративан преображај свакодневице, савремених збивања и времена који опстају једино као историзовани тренутак.

---

[86] Данијел Големан, *Емоционална интелигенција*, Геопоетика, Београд, 2002, стр. 277.
[87] Исто, стр. 276.

ЕНЕРГИЈА ЈЕЗИЧКОГ КОДА НОВИЦЕ ТАДИЋА

> Ти се подухвати тешког посла
> Да зло наше речима казујеш
>
> Новица Тадић,
> *Лептирак, Потукач*

Особеност и самосвојност поезије Новице Тадића, по мишљењу бројних критичара, чини и актуелно и оригинално тематско упориште у координатама демонског лика песниковог станишта, али и реч којом се тај исти свет зла обликује, пошто свет и не постоји док не прогледа кроз језик и у језику[88], јер је моћ језика у трансферу идеја необично важна. Пренос порука за песничке текстове, очито да то добро зна Тадић, суштинска је функција језика који и из севова свакодневице говори метафорама и алузијама.

На питање како обезбедити жељену размену промишљања и њихову доступност Тадић је још у првим књигама одговорио упорним истрајавањем у погледу два нивоа песме, или два, по Рифатеру, комплементарна степена читања песме. Прво је херустичко односно миметичко декодирање семантичке површине, али и издвајање састојака који се не могу овим поступком објаснити, већ захтевају херменеутичко одгонетање, компарирање, анализирање, па и разлучивање свега онога што је различито. А да би се то учинило порука односно њена језичка одредница мора достићи и заслужити квалитет кода, јер код, као специфична и необи-

---

[88] Славко Гордић: *Дом и свет, стварности и језик*, у књизи, Славко Гордић, *Поезија и окружје*, Матица српска, Нови Сад, 1988, стр. 56.

чна мапа речи, и функционише кроз посебан распоред лексичких знакова[89].

У Тадићевом певању код је нужно свеприсутан и очигледан и изграђен на језичкој подлози, тако да се његове песме формирају али и преносе особеном употребом аутентичног језика, пре свега усаглашеног са бићем и градом као синонимима понора, очаја и безнађа. На тај начин, читав Тадићев песнички опус бива издвојен, а његов песнички свет претеће апокалипсе толико је јединствен да се читалац чувствује као да се пробудио у подземном свету чији је господар Зло. Очито да песнички поступак успостављања аутентичних језичких и семантичких нивоа (читај – контекста) у амбијенту мрака и страха, завређује пажњу и спознају формирања језичког кода јесте кључ за читање стихова Новице Тадића, који се преображавао и обликовао, као што се модификовало и оно што је он хтео да коначно уобличи у књижевну супстанцу чије поруке и мисли представљају атоме у сталном покрету. Тако да је и изворе и одећу Тадићевог кода, овог тренутка важно одабрати и пронаћи у пандемонијуму, у бестијаријуму „наказног света", па и у митско-фолклорним реквизитима, и библијским легендама, и у предањима и предрасудама, и у упамћеним бајкама и скаскама, у „антипсалмима", и у атмосфери фантастике, и у делиричним и халуциногеним визијама, и у појавности и терминима из свакодневице, али са својствима мистичног и наднаравног.

Бестијаријум „доњег света"

На равном крову док се
Ђавољи папци суше
Поред зида док причају седму причу

---

[89] Радивоје Микић: *О језику књижевности*, у књизи, Радивоје Микић, *Језик поезије*, БИГЗ, Београд, 1990, стр. 6.

На углу тројка
Празне паукове мреже продаје

Црне рукавице –
Ластавице хитре у ноћном ваздуху

У подруму
Стара пацовчина на даскама чека

У подземном пролазу
Полифемов окот
Ноћне бебе ћеретају ћеретају

Новица Тадић,
Ноћне бебе, Ругло

Тадићево сведочанство света мрака и зла нужно је исписано атрибутима „доњег света" и предапокалиптичном атмосфером, што је уједно и опомена и бунт против потирања и људских и светских вредности. Међутим, иако је зло једно, доминантно и вечно, „тамни кнез" у стиховима пред нама има безброј ликова и образа, па и имена („то се заиста претвара / мења обличја / из тајне ризнице кошуље износи / час је онај који оштри језик / час веверица час прљава кокош / час разјарена женка / верујем / да је неисцрпно и да ме је / само незнатан део напао"). Реч је заправо о бестијаријуму из предела колективне свести, где су неодвојиви део негативитета предзнака који носе у себи. И још једна опаска у вези са егземпларима анималног „наказног света", а то је да нису константни, већ су Тадићеви (анти)јунаци из песме у песму: кокош, риба, пацови, (слепи) мишеви, ваши, гуштери, пауци, стоноге, лептирице, жабе, свраке, вране и гаврани (и то Поови), птице-пси, кртице, змије, црни пси, вепрови, сове, кукавице, црне мачке, шакали, сипе, и свакако њихови младунци („разделио се он заиста у зле близанце"), биолошки продужетак зла, али и фантазме будућег страха.

Да је песник неке симболе преузео из прастаре словенске религије, лако је установити на примеру кокошке, која је у прасловенској митологији изразито демонска животиња, али припада и данашњем свету, обично као кривац и жртва. Или као невидљиви окупатор обитавалишта у песми *Кокош у соби* („њу не видим / иако собни простор / квоца и узмахује"). Тадић јој касније придаје обележја и симболе урбане митологије увођењем „огњене кокоши" као асоцијације на извесне светачке ореоле, што тек потврђују њени атрибути или синоними као што су: „мајка", „краљица", „ватра", „врховна", а у песми *Ритуал* и сама синтагма „Бог Кокоши". Круг затвара и отвара јаје (и оно са митолошким префиксом зла), као гротескни пандан знамењима зачетака, као што су зрна, семена, корени и извори. Док су код Гојка Ђога важеће синтагме „студена клица", „лудо семе", „кужно семе" и „ноћни пород", код Тадића доминира црна боја („црни" и „зли близанци", „црна кола", „кезаве поворке", „брлози"). Песимизам песника и могућу нихилистичку пројекцију породице савременог тренутка откривамо у само једном стиху: „црни тата, краста-мама, костур-дете", из којег зрачи и, аутору очигледно познат, закључак да стихови превасходно говоре сликом и визијом, али њихови су окидачи и покретачка потенција управо језичке природе.

Тадић се није ослонио само на бестијаријум и пандемонијум, већ је неке симболе преузео из свакодневља, контекстуализујући их у целине које им мењају основна и првобитна значења[90]. Тако да поједини предмети и појаве из Тадићевог реалног света у апокалиптичним визијама попримају обележја животињског реално постојећег односно доживља-

---

[90] Тиодор Росић: *Наказни свет Новице Тадића*, у књизи, Тиодор Росић, *Поезија и памћење*, Дечје новине, Горњи Милановац, 1988, стр. 226.

вају процес персонификације. Најчешће употребљаван синоним зла и мрака са одликама живих бића јесте чешаљ, црн свакако („Моћан је и дугореп / Као талас из мрклине / Са зидином у зупцима / Црни чешаљ"). У књизи *Смрт у столици* читав је циклус *Под замасима тамних чешљева* чији наслови песама садрже реч чешаљ (*Чешљево рођење, У зиду чешаљ, Очешљано огледало, У кревету чешаљ, Лето са светлим чешљем, Ишчешљавање чешља*). Из исте књиге је његова материнска функција у стиху: „чешаљ чешљеве доји". У истом је контексту и огледало („распукло се огледало кезило / ствари га усвоје / лако их против мене придобије"), а у скеч-песми *Истовар угља, мака*, у ритму брзалица и бајалица, ту склоност поседују мрак и смеће („У подрум љиљани / где паук преде испод греде / где се смеће надмеће / где је мрак-манијак"). И градски талог и отпад преображавају се у демонска бића („ветар подиже вештице од смећа и прашине"). У истоименој песми часовник „једноног у себи маршира" рекло би се спокојно и задовољно, али „кад кукавица долети / он утихне / не сме да се огласи" и „остави" нас „њеном непокретном надзору").

Оживљавајући детаље, призоре и портрете, предмете и појаве из света доњих регија урбаног простора, као из „доњег света", песник Новица Тадић као иронични и резигнирани архивар са своје стране[91], импулсивно пише лирску и демонотворну хронику савременог мегалополиса, у којем су и обичне ствари из околине лишене моћи персонификације, налик справама за мучење (кукс и ченгеле, маказе и игле, тестере и сврдла, ножеви и секире, длето и клешта, чекић и клинови, уже и точак).

Сви лексички реквизити модификовани су и прилагођени Тадићевој рецепцији градског фолклора.

---

[91] Гојко Божовић: *Језа постојања*, у књизи, Гојко Божовић, *Поезија у времену*, Октоих, Подгорица, 2000, стр. 239.

Станиште његових (анти)јунака су Пећине, јазбине, брлози, већ поменути Подрум или пак Рупа као у књизи *Ждрело*, тачније у вражјем ждрелу – граду:

> После биоскопске представе
> одводим те у Рупу
> и показујем ти
> кофер пун ножева, црне рукавице, маску
> свилено уже свилено
> муњевиту жицу
> пипак прст
> иглу зуб
> прве животиње сјајну крљушт
> чудило,

што указује да су Тадићеви стихови фрагментарна повест о свету мрака и зла, у којем све свакодневно бива демонско и непријатељско, било да је персонификовано или не. А топоними за којима Тадић ретко посеже, иако су они лоцирани фиктивним одредницама, пројекција су обезличеног, отуђеног и дехуманизованог урбаног локалитета, који може припадати било којем граду. У сваком случају, граду у којем песник не може да пронађе координате прихватљиве за његов хабитус.

(Пре)именовање зла и мрака

> отвори седам печата,
> изведи седам животиња
>
> Новица Тадић,
> *Антипсалам, Погани језик*

Језик је код Тадића основно, па и једино расположиво средство[92]. Иако песник зна за извесне

---
[92] Јасмина Лукић: *Poesie brute*, у књизи, Јасмина Лукић, *Друго лице*, Просвета, Београд, 1985, стр. 92.

лексичке лимите и упркос апсурдним процесима негирања свега око нас, није приступио језичким средствима деструкције, већ је за своје наднаравно искуство и визије апокалипсе, упорно и брижљиво тражио што ближе одреднице унутар постојећих лексичких оквира, све у намери да читаоцу олакша допирање до суштине текста. Наиме, Тадић је посегао за (пре)именовањем зла и мрака са фолкорно-митолошким реквизитима. И оних из паганских предања и оних из библијских ликова. За илустрацију ове тврдње побројаћу само неке од Тадићевих јунака: Змај, Атлас, једнооки, Ђаво, Анђео смрти, Злодух, вештице, вампири, Јуродив, Кнез таме, Hoje, па и Пепељуга. На тај начин, песник је успео да један систем слика преведе из митолошке сфере у урбане призоре, да удвојеношћу нечастивих сила и њихових нових имена, преименовање заправо значи и измештање или зачудни узајамни трансфер времена и простора из једног у други. Тако да један слој песме функционише у равни легенди и традиције, а други у равни модерних насеобина, где су се представе и предања преобразили у нове ликове. Процесом преименовања Тадић је успоставио садржинско и смисаоно кретање у два правца. Од прошлих епоха ка нама, и обратно. Исто је и са песниковим порукама. Пројектује их у време и просторе, који нису адекватни реалној ситуацији. Али то не омета њихов трансфер. Штавише.

Овде треба напоменути да Тадићеви хармсовски записи[93], упркос употреби митско-фолклорног вокабулара, не трагају за архетипским дубинама. Не само да је то трагање одсутно из данашњег, већ то

---

[93] Гојко Божовић: *Језа йосѿојања*, у књизи, Гојко Божовић, *Поезија у времену*, Октоих, Подгорица, 2000, стр. 240.

и није предмет Тадићевог певања. Песник рачуна само на сопствену гротескност, омеђену садашњим тренутком, којом је очигледно опседнут.

Ипак, словенске религије и митологије нису биле довољне за нов именослов, зато је Тадић упоредно посезао за изворима из ближе прошлости. Био је принуђен да трага по памћењу, по предрасудама и предањима, по зимским причама уз ватру и гусле, по дубоким темељима и наслагама племенског и националног бића и духа[94]. А то трагање за језиком у дубини земље и народа, није ништа друго до средство обнове праговора (отуда нова имена за Тадићеве (анти)јунаке са печатом ђавола и демона су већ позната: Баук, Несит, Авет, Баба Јага, па и њихове хиперболе: стоћаво и стоглави демон, помоћу којих се актуелизују искуства из прошлости, али која се огледају и у недоумицама савременог човека, успостављајући равнотежу између јуче и данас.

Изведене одреднице демона

овде последњи пут зазиваш
много је њих превише је њих
много скакутана много кезила
и свеколика твоја загасита твоја
и њено рубље пуно црних петлова
и њене шнале које корачају улицом

Новица Тадић, *Смрт у столици,*

Песнику је увођење митских бића и библијских мотива поспешивало трансфер порука страха и те-

---

[94] Славко Гордић: *Језичко прапамћење у звуку живог говора*, у књизи, Славко Гордић, *Поезија и окружје*, Матица српска, Нови Сад, 1988, стр. 77.

скобе, јер поменуте ликове није било неопходно додатно објашњавати. Њихово наслућивање је било довољно. Али, Тадић се није тиме задовољио. Тежио је за формирањем аутентичних и бића и језика света зла и мрака, које је морао дочарати читаоцу бројним атрибутима. Да је дескрипција подређена суштини, односно демонски наказном свету, илуструје и песниково оригинално ословљавање тих живих бића из подземног света. Нове појмове песник формира односно изводи их углавном од постојећих, већином именица и глагола као семантичких белега, који ипак асоцирају и подражавају упамћени митолошки „доњи свет". Тако да (анти)јунаци Тадићевих књига стихова су и аутентични, али и лако препознатљиви и усвојиви, такви су: „кезило" и „кезилићи", „скакутани", „облутан", „ножул", „ругало", „чудило", „грицкало", „мљацкало", „наклапало", „сисало", „севило", „телоточци". И сваки од њих има лимитиран простор и наликује девијацијама и ерозијама које представа објашњава.

Књигу *Смрт у столици* обележили су „скакутани" и „кезила", зато ево једног парадигматичног фрагмента изгледа „кезила" као симбола света зла и мрака у песми *Уста кезилова* цитираној у целини:

>Богата једна уста
>Кезилова уста
>Отворила се
>>видим
>Чешљеве и четке
>Куке и ченгеле
>Игле испале из муње
>Завртњеве и клешта
>Креч и лепке
>>а из црног ждрела
>Млаки ветар дува

> Усне развлачи у два сечива
> Издужује их за мном
> У похотни пипак
> Пратилац.

Очито да коначан лик демона, по обичају, није познат. Не само зато што се нико није усудио погледати га, већ и због склоности „кезила" да се трансформише односно поприми лик из околине или га прилагоди свом окружењу, о чему сведоче и сами наслови Тадићевих песама: *Лонац кезило, Флаша кезило, Бокал кезило, Славина кезило, Игла кезило, Јабука је кезилова, У прозору кезило*. Док су синоними „кезилића" зависно од испољавања злодејства: „кевтаве губице... мицала разроких језика / иверје похотно... сечива и сисала / лизала, мљацкала, кусала, / телоточци и растакала".

У технологији пројекције Тадићевих ала и наказа у данас, песник је учинио још један напор да у семантичку специфичну тежину стихова преобрази и/или унесе и њихов немушти говор (брбљање, наклапање, шаптање, бајалице, брзалице, поскочице) што потврђује и његов стих: „говором и кикотом неразумних". А то је, сагласан сам са Михајлом Пантићем, „алхемијско чудо"[95] правити песме од одбачених речи, успутних слика и гласова са магнетофонских трака. Колико се песник ослањао на усмену традицију потврђују бројна преузимања ритма, форме или језика (нпр. учестале су песме-реплике на неку од сачуваних бајалица или брзалица или десетерачки стих: „ћурак наопако окренуо", наслеђен у лику Марка Краљевића са наносима још паганског памћења).

---

[95] Михајло Пантић: *Новица Тадић – оде страха*, у књизи, Михајло Пантић, *Свет иза света*, Библиотека „Стефан Првовенчани", Краљево, 2002, стр. 141.

Безимено зло

Показује ми ноћас
Косу од жице и стакла и цвећа
Двосекле усне
Петокраки језик

Новица Тадић,
Нико, Огњена кокош

Преименовање, као један од основних поступака у Тадићевој поезији, посебно имена мрачних и човеку одувек супротстављених сила, и то поступком наслеђеним из прошлости, односно настојањем да се демонске силе не ослобљавају, због страха од могућих последица које доноси њихово именовање. Алтернативна имена, иначе врло разбарушена, разбокорена и учестала, у виду еуфемизама (нпр. вук је каменик, непоменик, поган, онај из горе или тамо он; змија – поганица, непоменица, окаменица, баја, баурина, гадуља, дугачка, кућарица или она из траве; а вештица – проклетница, каменица, ноћница, сркача, штрига или врачара), у правом смислу речи, мистификују језик. Тако да Тадићеви антијунаци („кезило", „тамни пењач", „скакутани", „облутани", „ругало", „чудило", „кокош", „змаје"), не функционишући под правим именима, заправо задобијају метафоричку и алузивну потенцију[96].

Субјект Тадићевих стихова није увек прецизно детерминисан у виду луцифероидоликог изнад свих и над свима, већ је и поништеног или недетерминисаног идентитета[97] (нпр. „нико", „неко", „то", „оно", „онај који оштри језик", па и „Он" и „тамо оно"), које „свако име прихвата и свако одбацује".

---

[96] Радивоје Микић: *Свет као извор ужаса*, у књизи, Радивоје Микић, *Језик поезије*, БИГЗ, Београд, 1990, стр. 152.

[97] Драган Хамовић: *Сведочанство о тами*, у књизи, Драган Хамовић, *Песничке ствари*, „Филип Вишњић", Београд, 1999, стр. 156.

На пример, у песми *Вилине воде*: „губав / ничији син и ничији брат / ничије земље црни стуб" или у песми *Неизрециво*, која је посвећена „оном":

Оно расеца мреже закона, и указује се
као уништење или чудо,

док је у песми *Складиште, бич* апокалипса (читај – „неко долази овде / тајно у сумрак /... усрећен / као јаје у јајету / / као пацов у пацову"). Песма *Сонет ноћи*, пак доноси поистовећивање самог песника са нихилистичком одредницом у посткатаклизматичној атмосфери:

Велика мудра ноћи
Ти ме извлачиш
Испод зидина градских
Из зглоба чудовишта

И на пусти трг
Безумног изводиш
Да се око самог себе
Изнова окренем

Да опет видим
Да још сам живи
Створ у ваздуху

Син тутњаве и дима
Син изгубљени
Усамљени, усољени – Нико.

Концепт страховања од изговора имена демонских „понор-бића" присутан је и у Тадићевим стиховима (нпр. „Тамо онај / што иза угла замаче / једнооки / згрбљени / са жилет-језиком").

Необичан је и песников визуелни доживљај врсте анималног света (нпр. сове), са демонским својствима из још увек присутне паганске митологије, као што је почетак првог стиха песме *Сонет мртвих снова* – (о)(о)(о)(о)(о)(о).

Антипсалми

> свет је божански
> празан простор
> мрачно ждрело
> бог је
> огромни вечни инсект
> Новица Тадић, *, *Ждрело*

Песник Новица Тадић као побуњеник против устајалог и извитопереног, претпоставља какав надсвет заслужује „наказни свет" зла и мрака. Он из свог „лога" из сутеренске перспективе кроз замагљена и прљава стакла „види / Божији свет / Страшне створове у трку / Мртвих пут / Над крововима плаветнило и дим / Наказно дрвеће / Зградурине у ваздуху вечерњем / Непозната игралишта / Цистерну која из предграђа одвози крв /... Децу зла /... Црне псе", и у јеретичким стиховима и „антипсалмима" испољава песничку храброст, тврдећи да светом греха и тескобе управља „тамни кнез". Тадић експлицитно искључује могућност да над овим просторима мрака и обезвређивања влада „кнез светла", те, резигниран, пише у славу палог и црног „Анђела смрти", чији су демонско-божански атрубути вирови, дрвљаници, раскршћа, воденице[98]. Из тог разлога могу се апсолвирати оправданост и прагматичност богохулних стихова у песми *Атеље, мајстор*:

Овде станује демон, свргнути, злодух, мајстор,
Пустахија од пустиње, онај с дванаест
Верних мишева

---

[98] Тиодор Росић: *Наказни свет Новице Тадића*, у књизи, Тиодор Росић, *Поезија и памћење*, Дечје новине, Горњи Милановац, 1988, стр. 226.

који су и својеврсна пародична аналогија и асоцијација на Бога односно пројекција новог Бога, свакако зла, док иронична и саркастична песма *Дванаесторица* има у подтексту библијски мотив Тајне вечере, али су, овом приликом дванаесторица (апостоли) у потпуности компатибилни са демонским ликом нашег станишта, који нажалост не можемо изменити. Зато Тадић и пише *Антипсалам* односно псалме анти-Богу. Уместо да грешан тражи опроштај, он вапи:

> Господе, уназили ме, Господе, смилуј се на ме.
> Гукама ме оспи грдним, чиревима награди.
> У извору суза отвори извор гноја и сукрвице
>   благе.
> Окрени ми уста наопако, погрби ме, искриви ме;
> пусти кртице да ми изрију месо; нек крв
> око тела кружи. Тако да буде.
> Све што дише, нек ми ваздух отме:
> Све што пије, нек из моје посуде пије. Сваког
>   гада
> наврни на мене.
> Нек се непријатељи моји окупе око мене,
> и нек се веселе, славећи Тебе,

а у наставку захтева од новог Господа да „отвори седам печата, изведе седам животиња", што је дословно призивање апокалипсе из *Откривења светог Јована богослова*. Заиста аутентично, али и изврнуто и зачудно, као што је и све око нас немоћних изврнуто. Стога и „последњи опрост" нужно је аранжиран, адаптиран и драматуршки усаглашен са Тадићевим (анти)јунацима и тренутно важећим (анти)кодексима.

Песников учестали поступак јесу и заумне и неочекиване лексичке варијације, које су, повремено, прави црнохуморни „мали каталог слика", надасве асоцијативан и ефектан:

у једној слепој улици
дечак котрља
ореол свете мајке

у једном дворишту
на крсту
разапета кокошка

не libећи се да и митолошка и хришћанска оличења, попут симбола светости, подвргне процесу, већ опште прихваћеног обесвећења и анулације односно прилагођавања новом (анти)господару оваземног света зла и мрака.

Негативна етика Тадићевог „музеја смрти" као његовог обиталишта, узрокује начела негативне естетике. Наиме, пошто је позитивни предзнак лишен сваке важности (чак је и нестваран), негативни пол без своје биномне супротности, бива једини релевантни параметар система вредности и омогућава контакт потпуно различитих аксиолошких категорија[99]. Штавише, од њих гради синтагме (само привидно нелогичне и „закучасте"), као што су: „пропаст дивна", „смешак крвников", „дивота инквизиције" или нешто дужа одредница – „једна једина радост / светла ваш".

Делирична фантастика

капут облачим и сав дрхтим
тиха језа долази од непознате
хладне поставе
у рукавима је
ноћ одолела светлим ножевима

Новица Тадић,
Књига о гладијатору, Присуства

---

[99] Јасмина Лукић, *Poesie brute*, у књизи, Јасмина Лукић, *Друго лице*, Просвета, Београд, 1985, стр. 99.

Натуралистичкој сценографији[100] и вокабулару Тадићевог песништва придружени су и већ поменути пандемонијум и бестијаријум, пре свих чудовишта, але, наказе, маске и друге приказе и сподобе. Помоћу њих, произашлих из „универзалне море", а појавно created по модусима фантастике[101], песник читаоцима омогућава доступност жељених елемената фантастике, па и оне тзв. делиричне и халуцинантне.

Формирање поменутог миљеа фантастике није плод случајности или произвољности, већ промишљања и акрибичног одабира конституитивних елемената сваке песме, не лишавајући их, свакако, моћи имагинације и зачудне трансформације. Значи да је песник бројним лексичким модалитетима и темељним мистичним ликовима, као и компатибилним везама између њих, посветио велику пажњу и сате и сате мукотрпне селекције и семантичке и ликовне надградње, јер није битна само структура песме већ и наноси језичког материјала као структура песме. Само тако се могао створити фантастични исказ, који ће и халуциногена стања објаснити и читаоцу приближити. Као потврда је већ прозивани Тадићев (анти)јунак „кезило" (и не само он) и његова заумна трансформациона моћ у околне предмете (сијалица, посуђе, јабука, прозор), уз предуслован преображај у непријатељска бића.

Чак и када језик одговара датостима свакодневног и реалног, успоставља се комуникација са иреалним, фиктивним и измишљеним призорима, првенствено емотивним набојима и згуснутим, безмало филмским сликама, чији распоред одређује семан-

---

[100] Богдан А. Поповић: *Пуцање чира – Новица Тадић*, у књизи, Богдан А. Поповић, *Песници и критичари*, Просвета, Београд, 1998, стр. 43.

[101] Срба Игњатовић: *Понорна и вртложна семантика Новице Тадића*, у књизи, Новица Тадић, *Крај године, Изабране и нове песме*, Нови Сад, Културни центар Новог Сада, LDI, 1993, стр. 256.

тику порука, као што су то примери из песме *Опет оно*, и то прво почетни дистих:

> Опет оно погубно
> Мешање ствари и људи

а затим и завршни стихови:

> Сретам овог и оног. Тетку са сандуком. Усамљену
> Муву која брине о нечему. Канцеларијског
>   слепића.
> Свраку на коцу. Балканску Бабу. Параноика
> Из нужника. Оног што је побегао са мојим
> Реченицама у џепу. Мулу. Мудоњу. Ваш.
> Пролази, Црна
> Године.

Посебно је интересантна тзв. делирична фантастика[102] у којој је дочарана психопатологија Тадићевог јунака, усуђујем се да кажем параноидна манија. Само један од бројних примера јесте циклус *Лудница* у књизи *Погани језик* као зборник исповести и кошмарних снова, те не чуде њени састојци почев од депресивних, па преко будних халуцинација, до месијанских убеђења (нпр. „ноћне лептирице", „раскомадане лутке", „једнооки отац", „лов на вештице", „електрошок" као казнено-васпитна мера, „уништитељ сунца и звезда", „ветар у слепој кошуљи", „пасји научници", „месождери добре воље", „мишји репови", „демони у угловима").

* * *

> полако упознајем Град
> у којем ћу
> заволети Змије
>
>   Новица Тадић,
>   *Ситно црнило, Ждрело*

---
[102] Тиодор Росић: *Наказни свет Новице Тадића*, у књизи, Тиодор Росић, *Поезија и памћење*, Дечје новине, Горњи Милановац, 1988, стр. 227.

Довољна су два разлога да објасне зашто је језичка енергија Новице Тадића, још увек неисцрпна творачка сила персинификована у песниковом отпору, најави апокалипсе и присуства ништавила и зла. Први је, да је зло као вечита друштвена и историјска пратећа појава ипак преводиво у Систем[103] који Тадић и даље вешто и са извесном мером изграђује и нијансира, а други је сазнање да је демонско у човеку и ван човека недокучиво, недоречено и неизговорљиво до краја. И да се, иако иза себе оставља пустош и празнину, још увек о њему могу не само слушати бајке, него се могу и писати или измишљати песме и приче са добро знаном поруком.

---

[103] Тања Крагујевић: *У тами тама или чудило*, у књизи, Тања Крагујевић, *Трепет и чвор*, РАД, Београд, 1997, стр. 79.

ИГРА КАО ТЕМЕЉ СЛОБОДЕ ПЕСНИШТВА ВОЈИСЛАВА ДЕСПОТОВА

Човек се игра само онда
кад је у правом значењу речи човек,
и он је човек само онда кад се игра.

Шилер[104]

Игра је очигледно
сушта супротност читавој збиљи

Еуген Финк[105]

Основно полазиште песништва Војислава Деспотова јесте тежња за новим и потпуним преуређењем постојећег под окриљем неповерења према свему што га окружује, које се, чињеница је, потрудило да уништи све његове замишљене и очекиване тачке ослонца. Стога је песник суочен са необећавајућом стварношћу из које је привидно изгнан, као један од могућих одговора на сивило презента и безнађе футура одабрао игру речима (у ширем смислу – игру), познату још из античке књижевности. Наиме, још је Аристотел приметио да посетиоци позоришта доживљавају катарзу кроз идентификацију са садржајем драмског игроказа, што је последица пројекције њиховог психолошког света у структуру драме. О чему сведочи и следећи Деспотовљев стих: „језичка игра је супериорна над крвљу и месом", фаворизујући, очито језик и игру речима у односу на постојећу реалност као животну нужност.

---

[104] Шилер Фридрих, *О леиом*, Култура, Београд, 1987, стр. 168.
[105] Еуген Финк, *Епилози поезији*, БИГЗ, Београд, 1979, стр. 18.

Сама игра (па и речима) одувек је привлачила бројне филозофе и писце. Хераклит ју је назвао симболом света. Платон је тврдио да игра има умни а не бесциљни поредак. Кант је потенцирао ослобођеност игре од одговорности и консеквенци. У намери да појам игре уклопи у појам културе Јозеф Хојзинга је у књизи *Homo ludens* сматра слободном активношћу, али не заборавља да је игра лик у огледалу односно нестварност наспрам стварности. Дарко Грлић, приклонивши се Шилеровом тумачењу, подсећа да нагон за игром садржи у себи остварење целокупног човековог опстанка. Због чега је, претпостављам, Милан Узелац закључио да игра није само темељ човекове слободе, већ и његова основа и једина потврда његове човечности[106]. Иако је игра, по већ помињаном Финку, димензија егзистенције у лавиринту између привида и бића[107], њена права продуктивност јесте креација имагинарног света игре, мада му је позорница у стварном свету.

Још једна њена одлика јесте да предмети и појаве из имагинарног света игре не покривају и/или не прикривају предмете и појаве стварнога света, већ их само преобликују и преформулишу у амбијент произнесеног смисла, не мењајући их реално као постојећа бића. Заправо, свет игре није неки загонетан свет одвојен од стварног. Свет игре нема простор и време у стварном свету, већ сопствени простор и време. Али у игри (речима) играчи (писац и читаоци) користе стваран простор и време. Затим, имагинарни свет игре није ни напоље ни унутра, а истовремено је и напоље и унутра. Исто важи и за актере игре, чији је смисао и стваран

---

[106] Милан Узелац, *Филозофија игре*, Књижевна заједница Новог Сада, Нови Сад, 1987, стр. 80.

[107] Еуген Финк, *Епилози поезији*, БИГЗ, Београд, 1979, стр. 20.

и нестваран и надстваран свет у исти мах, и имагинаран и суштински уједно, али превасходно могућност човековог пребивања у простору и времену, где неће бити растрган и отуђен.

Очито да, када је у питању игра уопште и игра речима о којој су писали и пишу бројни писци, филозофи, социолози, антрополози и којом су писали и Аристофан и Рабле, па и Војислав Деспотов, није реч о игри која увежбава инстинктивне реакције и облике манифестације, зарад касније примене. Нити је то једнострана гешталтска теорија увођења идеалне структуре ради функционалног задовољства. Нити је то само психоаналитичка спознаја игре кроз коју се испољавају дубоко скривене инстиктивне тежње и несвесни процеси, који ослобађају личност тензије и воде макар симболичком разрешењу унутрашњих и спољашњих конфликата. А да то, по замисли песника Деспотова, сигурно није ни игра као производ историјских процеса и дубоког памћења, да би се у њој развио рефлекс оријентације и могућност владања собом, илуструје мозаична структура песништва Војислава Деспотова. Наиме, песник проговара из самог темеља односно из нултог традицијског нивоа[108], где је свака конвенција изложена сумњи и где се биће текста разграђује на градивне састојке, на текстовне атоме и монаде, од којих се касније започиње градња неочекиваних целина и молекула, чије је кохезионо средство непредвидиво и стално променљиво. Али се, на тај начин, обистињује ослобођени дух игре речима и дух језичке фантазије[109],

---

[108] Иван Негришорац : *Цивилизацијски хедонизам Војислава Деспотова,* у књизи, Иван Негришорац, *Легитимација за бескућнике,* Културни центар Новог Сада, Нови Сад, 1996, стр. 195.

[109] Гојко Божовић : *Коси језик Војислава Деспотова,* у књизи, *Војислав Деспотов, Сабране песме,* Градска народна библиотека „Жарко Зрењанин", Зрењанин, 2002, стр. 485.

сасвим изван безмало свих традицијских токова[110], било да је реч о аутентичном песничком поступку, било да је реч о тематској преокупацији, која заправо садржи одговор на стварност, иако наличи нестварности и надстварности, неприличној човековим потребама и нагонима.

Савремено друштво, нарушивши систем вредности и лествице достојности, присиљава алијенираног човека на понављање и репродукцију доступних промишљања, а не на иновацију, креативност и аутентичност[111], који захтевају самосвојан и имагинаран свет, чему стреми и човек и песник Деспотов. Штавише, Деспотов претпоставља да је умеће језичке игре епохално важна креација, неопходна да песништво избори право на опстанак. Док је у спонтаним играма речима, пројекција ослобођена свих ограничења, драмски ток је подређен динамици пројекције унутрашњих садржаја, а спољни услови су само оквири пројекције; у организованим[112] играма речима пројекција (којом се и Аристотел бавио) посредована је архитектуром речи и слика и мора се прилагођавати понуђеним облицима, али и упорно захтевати накнадну трансформацију, да би се појавила и јављала у различитим степенима посредованости и изведености, а тако и њени (реч је о пројекцији) протагонисти обавести-

---

[110] У првим књигама песама Војислава Деспотова као „неоавангардисте" традиција је „избрисана" из песничког текста, док је у његовој постмодерној фази традиција подвргнута иронији, сатири, црном хумору и метапоетској трансформацији.

[111] У игри речима, осим операција репетиције и репродукције као њених саставних елемената, битан корпус чине иновације, које воде креативности, али и аутентичности.

[112] Организована игра уопште па и организована игра речима не избија спонтано, непредвидљиво и анархично, већ је систематски организована са својеврсном психолошком природом.

ли и себе и друге о својим промислима, отпору, бунту, али и разуђеној сагласности са тренутним.

Игра речима, понављам, наставља античку традицију парономазије[113] док се у новијој стилистици врло широко дефинише од извесних фигура понављања до афективне деформације појединих речи. Лингвисти, пак, тврде да игре речима не извиру из самога језика, као што то чини већина стилских фигура, већ се у уобичајену функцију језика уносе елементи страни устаљеној језичкој форми, нарочито у одређеним временским раздобљима.

Реч као фузија слике и значења извесног појма, своју спознајну и „трансфер" функцију обавља у линеарном ланцу говора у синтаксичкој вези с другим речима, повезаним својим значењем, а посредством слика гради целине спознаје и саопштавања. У оном часу када се речи не вежу по значењу него по звуку тј. кад се значење једне речи веже уз акустичку слику друге речи, па звук речи задобија улогу коју обично не завређује, онда смислени језик прелази у игру речима.

Парономазија

Песник Војислав Деспотов, иако противник канонима који су у својој окошталости у стању да измене и прволики дух, ипак је прихватио и користио песничке фигуре, познате и античким списатељима,

---

[113] Парономазија је термин античке реторике за стилску фигуру којом се доводе у везу речи по звучној сродности. Она укључује и нововековну игру речима, али је шири појам од ње, јер обухвата и примере кад се речи доводе у везу само због ефекта звучности. Парономазија је везана за интелектуални, цизелизирани прозни израз, чије је главно оружје духовитост. Уживање у игри звучности речи сачувало је парономазију живом до данас, нарочито у облику игре речима.

као што је то парономазија и њен условни наследник – игра речима. Нарочито оне њене подврсте које своје асоцијације заснивају на акустичким сликама односно речи доводе у везу по звучној сродности. У песми *Ушширкана кошуља* заправо у стиховима: „Нисам љубоморан јер ја љубим мору, / и моду домаћину демону" Деспотов илуструје игру речима по принципу приближно једнаког гласовног комплекса („љубоморан" – „љуби мору") али и по топосу комике. У истом контексту су и следећи стихови: „санаторијум, тор за сањање" у песми *Обиље и насиље*; „Бојлерска цев јако се боји бројила" у *Цанкарјевој заложби*; „ронилац рони сузе" у песми *Фирер за реченице*; у песми *Девичансшво уздаха* – „уздах, / уз тужни дах, / уз ах"; „Ти си увек пушила Pall Mall, зато си тако страшно и пала, мала", као и „Певушим Марсељезу. / Милујем клиторис митраљезу" у песми *Pall Mall*. Последњи пример је парадигма и асоцијације по звуковној сличности, као што су и „сведоци" из песама *Слободно зидарсшво* („цигла је, опет, стигла"), Ahtung, ahtung („барке-барабе... Брбаре из баре") и *Кад бисмо се йоново родили* („петинг у Пекингу" и „да будемо Буда, будала").

Уместо, од давнина препоручиване парономазије по потпуној једнакости, хомонимији, хетеронимији или полисемији, Деспотов је, трагајући за кореном појединих речи, обједнио асоцијације на основу наивне и очигледне етимологије, са асоцијацијама по сличности звука сложених речи или гласовних комбинација (нпр. „Човек је победио пола беде" у песми *Човекова судбина*; „Нада нам да све" у песми *Крава*; „Окупана беба је пола неба" у песми *Половине се воле*), доказујући да игра речима није само одјек звучне сродности већ много шири појам који обухвата и асоцијације по ефектима чији је звук само иницијална енергија. Деспотов је апсолвирао нужност да је главно оружје игре речима духовитост, па и иронија, пародија, чак и црнохуморна интонација. Оправдање за овакав поступак се налази у констатацији да асоцирање речи само по звуковним одредницама ствара подручје независно од стварности, јер су, без поменуте духовитости, немоћне да задру у стварност тачније у сивило стварности.

Још један предуслов за опсесију игром речима јесте и једноставно и искрено, безмало дечије уживање у игри, тако карактеристично за Деспотовљев аутентичан песнички поступак, које је он сам ословио оксиморонском синтагмом – „песимистички хедонизам". Иначе, линвисти су једногласни, да је управо уживање у игри, уопште, сачувало античку парономазију до наших дана, али у новом облику – игри речима.

Игра речима Војислава Деспотова

У својим првим књигама *Прво тј. песмина слика речи* (1972), *Дњижета бибил зизра ухунт* (1976), *Тренинг поезије* (1978), песник Деспотов је заокупљен феноменом песме, њеном структуром и ехоом (у првој књизи *Прво тј. песмина слика речи* од 77 песама у њихових 30 наслова су присутни термини – песма и реч; сем тога, у поменутој књизи почетне песме су *Реч, Песма, Слика* и састоје се од по четири катрена од једне те исте речи без интерпункције плус наслова и још једном речју на самом крају између четири интерпункцијска знака тако да прву песму чини 145 речи – *реч*, а другу и трећу 97 пута поновљене речи *песма* односно *слика*), из чега се може поново актуелизовати питање да ли је за Деспотова поезија само симплификован скуп слова или размештај речи у конвенцији текста, или већ нешто више[114]. Поезија, по „раном" Деспотову, постоји због саме себе односно због игре речима у коју покушава да увуче читаоца иако и читалац покушава „да се удружи са песником, у циљу решавања проблема, који, без тог покушаја, не би уопште ни постојали". Две посвете из Деспотовљевог првенца које су заправо антипосвете гласе: „Све ово није никоме посвећено. Ни нечему. Ни ничему" и друга: „песме у којима ниједна реч, знак, слика, сличност или истост није реч, знак, слика, сличност или истост" не само да изненађују читаоца и наговештавају негацијску игру речима; него доказују да и поетски дискурс у виду игре речима односно дискурс у виду необичног звучног распореда, способног да омогући преображај једне речи до садржаја и/или изгледа који је доводи у контакт са другим речима истог значења или сличним речима другог значења, најмање је стварност или очекиваност, и опстаје једино као говор независног субјекта, нпр. у Деспотовљевим стиховима: „песничка реч / је играчка воље".

А колика је воља Војислава Деспотова у настојању да „тајну спусти још ниже" у својим „песмама у скупљању" и у „есејима у ломљењу" илуструје песма *Место песме* која у целости гласи:

> и овде је место песме
> и овде и овде и овде
> и овде
> а и овде
>
> као и горе, и овде је

---

[114] Михајло Пантић: *Војислав Десйоüов: На крају исüорије*, у књизи, Михајло Пантић, *Нови йрилози за савремену срйску йоезију*, Григорије Божовић, Приштина, 1994, стр. 145.

Распон инструмената и средстава игре речима песника Деспотова креће се од оних самодовољних, без значајног одјека, од експеримента и игре ради експеримента и игре, па до оних вештих преокрета и премештања речи са семантичким ехом продуженог трајања.

Изведенице по звучној сродности имале су позадину и оправдање у значењској функцији за којом је Деспотов трагао. Тако песма *Еволуција број један* броји свега четири двосложна стиха: „Адам / Едам / Евам / Ева", а наредна песма *Обдукција монтажне породице* девет стихова-речи: „Човек. / Чевек. / Чевак. / Ћенак. / Женак. / Жена. / Жета. / Жете. / Дете." У истом контексту привидног фаворизовања огледа су и песме *Корпа за отпатке, Врела супа, Писаћа машина, Кафа*, које су низ неочекиваних реченица од две, највише три речи, чија је заједничка одлика асоцијативна веза песме у виду анадиплозе, јер је прва реч наредне реченице-синтагме заправо последња из претходне (на пример:

Писаћа машина. Писаћа машина писма. Писма
  реферати.
Реферати приче. Приче романи. Романи
  Достојевски.
Достојевски Злочин и казна. Злочин и казна
  убиство.
Убиство револвер. Револвер пушка. Пушка
  рат. Рат
Египат. Египат Израел. Израел Америка.
  Америка
Чарли Чаплин. Чарли Чаплин филм. Филм
  биоскоп.
Биоскоп позориште. Позориште завеса.
  Завеса крпа.
Крпа хаљина. Хаљина сукња. Сукња жена.
  Жена.)

И све се завршавају истом речју – *жена,* што, узимајући у обзир да и песме-изведенице, као кључну, садрже исту реч, ипак објашњава песникову поруку и значај речи којима се Деспотов игра, али по принципима индуковане асоцијације и блискости семантичких равни.

Посебно су интересантне песме-филмске слике, свакако њих три-четири укупно, које су отргле један детаљ из већег сценарија и чију самосталност нарушава понављање једног истог догађаја, који постаје надреална слика до краја песме (нпр. рефренски склоп „седи мирно и гледа ме" или „стојим на станици" се преображава у удвојену личност углавном у простору тако да она „Излази и не осврће се. Седи мирно и гледа ме. / Бесно корача низ степениште. Седи мирно и гледа ме. / Виче да се никад неће вратити. Седи мирно и гледа ме" или пак „Воз креће. Стојим на станици. / Гледам кроз прозор вагона. Стојим на станици. / Стижем на море. Стојим на станици. Купам се у / плићаку. Стојим на станици"), што је ипак револт према постојећим клишеима и важећем, иако луксираном систему вредности.

Песник не преза ни од рефрена-поштапалица. На пример – „она је позната:" (седам пута репродукована у истоименој песми) постаје времеплов једног појма (учесталог и битног за песништво Војислава Деспотова), али и метафорично утемељеног значајем у сваком времену, па и нашем (потврђује то идилична поента):

Она је позната: свима. Она је позната: као
таква. Она је позната: одавно. Она је позната:
као курва. Она је позната: добро. Она је позната:
жена. Она је позната: ујутру, први сунчев зрак.

И рефрени-стихови: „време је учинило", „треба добро претражити", „пишем песме" и „одлука је пала" су полазне матрице за бројне варијације и компарације које поседују механизам дејства повратне спреге, не само на понуђени код, него и на једнокартно унете варијације међусобно.

Међу упорне Деспотовљеве покушаје игре речима и интерпункцијским знацима су употребе заграда као модуса да се достигне метатекстуалност (песме *Као* и *Можда*), као и изостајање једног или више стихова у песмама пагинираних стихова (*Осамнаест песама из историје уметности, Песма наслова ненаписаних песама*). Истог домашаја су тачке и зарези на почетку и црте на крају Деспотовљевог првенца (нпр. *Последњу песму* сачињава једна једина „–"), као и песме од укупно две речи (*Трећа песма* гласи – „кажи ти", *Песма идеалног хаоса* – „а ја?", а *ТЈ.* – „прво ништа"). Сличну рецепцију имају и лапидарни стихови од међусобно искључујућих одредница (у песми *Питање* проналазимо упитни дистих: „зашто? / да, не?").

Метатекстуалност је извесна у тзв. двојезичним песмама (*Енглеско-српскохрватска песма, Немачко-српскохрватска песма, Италијанско-српскохрватска песма*). Наиме, песник твори две паралелне песме од речи поменутих језика (два пута по шест или по пет) и њихових превода (што припада домену интерпретације), доводећи у контекст два језика и две независне песме (по правилима креативне имагинације). На пример, *Италијанско-српскохрватска песма* се састоји од две петостиховне песме. Леву која гласи:

> Цура има бригу:
> гола је до грла,
> лупа као вучица,
> а онда, кад дође вал,
> пена јој је казна

састоји се од наредног „извода из италијанско-српскохрватског речника": cura – брига, gola – грло, lupa – вучица, onda – вал, pena – казна, док десну (паралелно постављена левој):

> Побожан сам али сам пио
> и више пута ту девојку
> држао за раме од бакра.
> Реса се вијори, предаје.
> Сета јој је од свиле

песник гради на следећи начин: полазиште за први стих („побожан сам али сам пио") су италијанска реч pio и њен превод побожан; за други („и више пута ту девојку") – puta односно девојка; за трећи („држао за раме од бакра") – rame у преводу бакар; а за четврти и пети стих – италијански термини resa и seta у нашем тумачењу као предаја и свила.

Међу Деспотовљеве омиљене лексичке игре јесу раздвајање и преламање речи (нпр. у песми *Ecco* у којој „плави поштар... каже ти смо прекинуто / пре ки да журбу"), али и њихова супротност сажимања и спајања речи као и смисла (у *Поеми раја : рајчица* до вриска су спојене емоције у стиховима: „бошстрастлажслика" и „лажстрастбошслика", али и у раније поменутој песми *Ecco* – „богови из дима / не састављају ниске-живе-откинуте речи").

Још један сведок Деспотовљеве игре речима јесте његова књига песама (друга по реду) *Дњижейта бибил зизра ухунш*, са поднасловом – „елементарне песме, језичка и визуелна супстанца доживљаја", по оцени бројних критичара јесте вербо-воко-визуелни пројекат колажног типа, чију архитектуру чине девет картица (љубав, искреност, труд, нада, чекање, одлука, веселост, склад и бес). И сваку од картица укрштају три „купона" по Деспотову: „купон упесме", „купон узвука" и „купон услике", који се пародијски односе према смислотворном нагону појма индуктора („упесма" према поезији, „узвук" према њеном реторичном потенцијалу, док је „услика" адекват представљачких сила поезије)[115]. Неочекивану семантизацију предоченог знаковног материјала, иако из нашег памћења и далеке прошлости (мислим на кључну синтагму из поднаслова – „елементарне песме"), омогућава игра активног и непредвидљивог до анархичног прожимања речи, звука и слика[116], кроз призму „упесме", „узвука" и „услике", што читаоцу (не само супер-читаоцу и коаутору) осигурава несвакидашњи метајезички доживљај, јер „упесма" је у међувремену постала песма у песми.

Игра као ослобођење

Очито да се Војислав Деспотов одупире и противи тренутку безнађа, дезинтегрисаном свету, почетку краја утопије, постхуманизацији и постидеологизацији, као и замкама које прете свима данас, и сутра ће, предвиђа песник. У песми циничног назива *Срећа у кавезу* песник прозвану болест илуминира као процесуираност присиљених талаца на дуже време, уз неопходни губитак свог првог лика:

Бријају се главе, ту и тамо перчини и кике,
млади се предају тајнама карме, обожавају
                                        вођа својих слике,
ничу вегетеријанске фарме, а песме, мантре,
                                        молитве
и јавне моленије освајају аеродроме, мамутске
                                      робне куће

---

[115] Божовић Гојко: *Коси језик Војислава Деспотова*, у књизи, *Војислав Деспотов, Сабране песме*, Градска народна библиотека „Жарко Зрењанин", Зрењанин, 2002, стр. 493.

[116] Иван Негришорац: *Цивилизацијски хедонизам Војислава Деспотова*, у књизи, Иван Негришорац, *Легитимација за бескућнике*, Културни центар Новог Сада, Нови Сад, 1996, стр. 203.

и авеније. Они који имају снагу да се
после првог удара новог
искуства врате у прљави свет од чије су побегли слободе и
рокенрола (Фром),
враћају се са трајним психичким последицама,
                                                               тешким
траумама бола и немогућношћу да се снађу
у својој двоструко мењаној (параноидној)
                                                             личности.
Други су програмирани за дуже трајање,
                                                          можда заувек,
психички су сломљени, убеђени, набеђени,
                                                       срећни богме,
до краја живота затворени у „кавез апсолутне
                                                              догме"

Међутим, Деспотовљев став у прве три књиге је углавном био игнорантан према свету који га окружује и на тај начин дотадашња песничка средства лимитирао на ниво игре речима. Али, песник је увидео проблем разноврсних покушаја формализације вербалних операција, а особито претњу свођења песме на лексички размештај и комбинаторику, и постепено испуњавао предуслове да значајно искорачи у песничком обрасцу и семантичким таласима, условљеним презентом и футуром. Прво се лишио бављења собом и поезијом (али не потпуно). Затим, прихватио је заузимање активног, чак и ратоборног, става према стварности, иако га она одбија и гуши. Сем тога, Деспотов спреман и одлучан да буде увек другачији, прихватао је даље строго контролисане језичке трансформације, таман онолико колико је потребно да би, ипак, остао исти[117]. Зато, не изненађује што атмосферу апока-

---

[117] Гојко Божовић: *Коси језик Војислава Десйойова,* у књизи, *Војислав Десйойов, Сабране йесме,* Градска народна библиотека «Жарко Зрењанин», Зрењанин, 2002, стр. 498.

липсе и нестајања сопствености прожима хуморан, ироничан, сатиричан, пародичан, па и циничан и црнохуморан тон, којима је пренебрегао да његов страх од метафизичке смрти човека не доживи рецепцију огољеног, једносмерног плаката или транспарента. Стога, четврту по реду објављивања књигу *Перач сапуна* (1979) карактерише иронична интонација (нпр. „Драга, / имам радосну вест: / не морамо више / да се волимо", „нисмо добри зато што нисмо / ни претерано зли", „сувише смо срећни тренери, / закопани у песак"), а књигу *Пада дубок снег* (1986) хумор светлих тонова са валером пародије (нпр. „Човек је познат плод, / укусан и у Мексику и у Сибиру, апсолутно / сезонско воће", „од када је измишљен парни мотор, / душа песника 20% клопара изван тела, / а то му је алат, карика која недостаје", „Јурим у пакао који је побегао уставу с ражња. / У законском року закључао сам у фиоку / тачку, / фирера за правилно написану реченицу"); док је предмет црнохуморног и сатирично-пародијског поигравања у књизи *Прљави снови* (1988) изнуђен пристанак на „нечист" и суров свет савремене цивилизације („Значење је обукло кишни мантил / и кренуло узлазном линијом, / нашло је разлог да на успутним станицама лаје, / у име одбаченог човека / који чека повратак малог знака, / укоченог од бачених чини бесмислице"); а у *Веселом паклу европоезије* (1990) су медији нове предапокалиптичке цивилизације „нуклеарне културе", као центар који размишља, предвиђа и доноси суд уместо појединца („где је, изненада, нестао / мој стари, прљави зид, / пизда кућна, / пизда носећа, / што мој бесплатни смешак Исуса / иза сваког жбуна зимзеленог / не осећа? / Телевизор, децо моја, / телевизор ми је украо зид, / телевизор је први полицајац!"). И у *Неочекиваном човеку* (1990), књизи поетских есеја, и у *Десет дека душе* (1994) фрагментовану структуру и оправдани страх аутора („Свако свакога победи / Све изгуби од свачега / Нико не може да победи нуклеарну културу") умрежавају радост играча и њихово, само на први поглед анархично, али увек неочекивано асоцијативно укрштање по семантичкој блискости али и опречности („Ја сам ваш песник / Извор тачака и запета, заборава и зла / Смрт је моја болест / Узимам наравно пилуле „вражја матер" / Кад кажем ноћ је генерал / Ви помислите на звезде / Ја знам да то тако треба").

Хуморна и иронична интонација усложиле су досетку, која је по бројним критичарима, упориште Деспотовљевог песништва од првих до последњих стихова. Али и досетка, иако витражне грађе, игрива, плаховита, карневалске одоре, неочекивана по месту рођења и обавезно духовита, да би се заиграла илузијама и привидима, да би се игром ослободила сивила и трагике свакодневице, захтевала је још један предуслов – да се све демистификује, што је у моћи Деспотова. Наиме, по песнику, да би се досетка као игра речима реализовала нужна је извесна нихилизација и свест ослобођена бола и патње односно празнина као збир ефемерних информација.

Зато се Деспотов одлучио за имагинацију и интерпретацију, али и за парадоксе, апсурде, оксиморне (нпр. „Болестан сам јер сам одлучио да се лечим"), супституцију неузрока за узрок, лаж, цитате, парафразе, наслове из медија, искуство историје, уметности, чак и митологије, успевши да традицију стиша и онемогући је да постане чвориште песништва Војислава Деспотова. Штавише.

Песникова интерпретација појава и предмета око и иза њега и њихових садржаја подразумева да се накнадно и придодато и не односи на оно што је првобитно и непосредно. У страху од утицаја времена и прихваћених правила („Данас су у моди електроепике / Ласерско-грађанске жалопојке / И модемски бећарци") која воде издаји прволиког човековог образа упркос извесном отпору („Гурнути родитељском и друштвеном хипокризијом, / не издржавши тешке психичке трауме... хиљаде младића и девојака... партиципирају у куповини малих имања где ће... изграђивати живот пасторале" или „млади свет је заражен анархичном клицом и незадовољан постојећим стањем"), Деспотов готово бихевиористички трага за чистим описом појаве или личности у изворној предиспозицији. Тумачи симптоме и синдроме као знак несвесног, а не као конкретну психолошку тешкоћу. У том случају су тзв. редуктивне интерпретације фундаменталнијег карактера и често несвесне процесе може видети као манифестацију регресивне тежње повратка односно бекства у мајчину утробу[118] („кад би ме пустили с ланца / отрчао бих право у материцу / и тамо организовао / рок-концерт"), а код Деспотова и настојање да се поврати првобитни лик човечији са свим слабостима и врлинама. Оваква објашњења и тумачења света омогућили су да имагинација (у лику досетке) постане главна моћ песничког поступка Војислава Деспотова, јер је креативна имагинација, нарочито хуморна, иронична и духовита успела да обогати појмове и појаве новим и необичним садржајима, као и довођењем истих у нове неочекиване релације, чак и стварањем нових појмова, релација и садржаја, који пре тога нису постојали, не лишавајући се игривости и уживања у њој.

Примери-сведоци за овакву тврдњу у поезији Војислава Деспотова су заиста бројни и коментатор је пред дилемом који изабрати од њих. И до-

---

[118] Драган Крстић, *Психолошки речник*, ИРО „Вук Караџић", Београд, 1988, стр. 231.

сеткама чије је полазиште свакодневица тешко је предвидети коначно исходиште у скоковитој и непредвидивој имагинацији као што је у песми *Кањижа 1979.* уобичајена сцена песничког дружења сликовито и хуморно дочарана:

> Кроз банатски ризлинг пливали смо батерфлај
> батерфлај
> Кроз соду леђним стилом
> А прсно кроз келнерицу Еву

трансформише се у надреалне импресије фузионисане асоцијацијама, не само необичним, него и парадоксалним, али које нису заборавиле на хумор, макар то био и црни:

> Онда смо скочили у Тису, мртви песници су
> испалили
> Светлећу ракету
> Обала је пошла за нама, из контролних
> разлога,
> Ако се удавимо – да буде близу.

Деспотов не избегава ни суморне и трагичне појединачне судбине, препознатљиве из самог наслова – *Девојачка кћи* („Изузетне тешкоће има девојачка кћи / Инстинкт и лепота нашли су се пред огледалом / У обрнутој сразмери / / ... Лепо се смеје откад је полудела / Живот јој обећава само спокојство / Користи лаке дроге за забуну / Доњи веш је стеже / Баш колико треба").

Иако се ослања на садржај из историје, митологије, традиције, па и на „народне песме", песник им се немилосрдно руга, пројектујући кроз њих и прошло време и историјске личности:

> Певачи народних песама увек су слепи
> Језик им је одсечен и бачен пред ноге Турака
> Уши скраћене
> Имају дрвене ноге

И неизвестан чекић

И у кошуљи никад не носе марихуану

али се истовремено руга и ругачу (читај себи) и времену из којег се прошлости руга, као и временском раздобљу између актера и писца песме.

Подругљивост према навикама и обичајима и прошлости и савремености и наслеђеним и ненаслеђеним (на нивоу пуког понављања) учестала је у песмама Војислава Деспотова. Неретко их и наслов детерминише, као што је то случај са песмом *Календарска хистерија* уочи велике (миленијумске) равнодневице:

> Уместо да гледа у облаке, грађанин гледа у сат
> с глупим
> поносом, а након низа узбуђења која стварају
> рачунске операције
> са хроносом,
> биоскопска представа од почетка до краја (90
> min)
> меко кувана јаја (3 min),
> мушко финале на сто метара (9,80 sec), воз на
> хидрауличним шинама,
> а нарочито са традиционалним, округлим ценама,
> завршетком дана (спавање), седмице (одмор,
> чишћење од грехова),
> месеца (менструација, плаћање стамбених
> цехова),
> године (Деда-Мраз, резултати четири сезоне),
> деценије (антологије, изложбе) и столећа
> (монографије, симпозионе)
> ових дана права календарска хистерија.

Ни статус песника није имун од критичког поступка Војислава Деспотова и миксне и колажне обраде (само налик неорганизованој игри речима) и даљим звуком звона смисла (поезије) и бесмисла (пожуда и новац) у истом стиху и тренутку који опомињу још једним контрастом – сликом ефемерности и пролазности у односу према вечном и мирољубивом диву, какав је Копаоник, а чији су иницијатори детаљи или догађаји или слике из наше збиље преображени у моћи песникових асоцијација у виду праве бујице:

> Ако је песник млађи од улице
> коју још нису завршили,
> ако је, према томе, његово смрзавање
> саставни део социјалне поезије, циља који се
> прекида ноћу, недељом, празником,
> онда је он
> само ашов на Копаонику,
> само Ли Освалд на телевизији,
> само се шуња
> у праву.

Чак и када одаје почаст својим претходницима по перу Деспотов то чини заумним и неочекиваним асоцијацијама („Да није било Пушкина... Достојевски би био Енглез / Који на коцки / Добија ону неизбежну мучну тежину"), уз обавезну сатиру и подругљивост са призвуком метафора које су заиста непревидиве. Тако у песми *Фалус* Деспотов, уз нужну игру речима по звучној сличности, интерпретира наречени појам (у првом маху) себе ради и без битног значаја за читаочев однос и доживљај филозофа и тумача свесног и несвесног, док асоцијација са филозофовим помоћним средством – наливпером („Фалус је димна завеса, дивна замена / За налив перо / Фројд је носио Пеликан перо"), као супституентом других чулних угођаја, превасходно због временске преокупираности и посвећености науци, већ у следећој строфи, присиљава Деспотова у лику младог песника да самокритично призна суживот са измишљеним Фројдовим усудом:

> Ја типкам слова
> На сребрним дугмадима моје драге
> Њена писаћа машина
> Механичка је као вагина
> Замка за младе песнике
> Замка за отворену, дубоку замку

што је уједно и оправдање и објашњење Фројдових асоцијација и имагинарних промишљања, која су почетни окидач наведене песме.

Поспешујућу и помажућу функцију у метатекстуализацији Деспотовљевог песништва поседују учестале употребе оригиналних или преформулисаних цитата (нпр. „историја се не понавља"), наслова песама („Ил је град ил су селудови") и филмова („Москва сузама не верује"), затим антологијских стихова („не заборави ме никад у кади" или „сунчане је наочари своје клела / да би не гледале"), али и свакодневних фраза, парафраза и флоскула, првенствено што изненадним увођењем у песму нових личности осигуравају последичну мултипликацију интерпретације песме.

Деспотовљева духовитост, заснована на семантичким исклизнућима и торзијама, нелогичним сликама, транспоновањем времена и простора, бива блиска са фантастиком, што јој додатно омогућава да се умрежи апсурдним и парадоксалним формулацијама (није ли и свет у којем песник обитава апсурдан и парадоксалан), чија је опречност и извориште и надградња песме и песништва Војислава Деспотова:

> Смрт је управник биохемијске лабораторије
> Данас је закаснила на посао
> Анализа ће коначно моћи да се одмори

Јешћемо слободне малине
У болничком хору
Да их не бисмо брали док певамо

Као и у завршним стиховима песме *Човек у шкрипцу*:

Једног дана спокојство ће почети да се дели
На општинском шалтеру
И сваки секунд биће ружан као краљица
                                   Елизабета.

На исти начин читаоци могу поимати и песму *Сахара* која је заправо „дивно, плаво море са шкољкама, алгама и несташним делфинима". Али „сва су мора под диригентском палицом песника" те по њој „плове речи / бродови синтаксе, глисери Александрије". По Деспотову, промовисање Сахаре у пустињу је „лаж из ситне страсти", што асоцира писца ових редова на још једну значајну карактеристику Деспотовљевог песништва, а то је данашња актуелизација лажи и дезинформација, и њихова масовна примена као замене неузрока за узрок[119] на коју песник одговара пародијом али и (примећују то читаоци а и сам песник признаје) у песми *Сахара*, истим оружјем – заменом истине неистином. Тако да песник до истине и узрока долази гласном и разиграном пародијом, надасве осмишљеном и ефектном, као у често цитираним песмама *Десет дека душе* и *Конопац*, где се још једном противи мистификацији, поручујући да истина, односно њено скривање од појединаца и маса, није мистериозна и тајанствена, тамна и неразговетна појава, већ приземна, тривијална, транспарентна и доступна тачније најдоступнија чулима. И Деспотовљеве песме

---

[119] Иван Негришорац: *Цивилизацијски хедонизам Војислава Деспотова,* у књизи, Иван Негришорац, *Легитимација за бескућнике,* Културни центар Новог Сада, Нови Сад, 1996, стр. 247.

су на том принципу саграђене. Оне су очигледне, мада се то увек не уочава брзо због контрадикција које песник негује у искричавим и вртложним асоцијацијама. Тако у песми *Десет дека душе* Деспотов, ненадано саопштава како зна да:

> Песници морају бити дебели
> Изразито подбули масни
> Са огромним ружичастим стомацима
> Украшени стријама и гунтама
>
> Да би лакше извлачили из меса
> Бодлерчиће и хелдерлинчиће

али зна и то да:

> Телевизија их наравно мора приказивати
> Као мишеве пацове и усољене сардине
> Као мршаве и напаћене сиромахе
> Који речи усисавају из космичке пране
> И директне везе са светим богом
> Који не постоји нигде

мада је убеђен да:

> ... у килограму меса и сала
> Има најмање десет дека душе

Док у песми *Конопац* алудирајући на мистификацију песничке делатности Деспотов тврди да „Постоји конопац који спаја одсутни дух / И тело песниково у столици / Конопац је дугачак шеснаест километара" а „кад заврши песму, кад стави тачку тежине / На последњи тас / Песник повуче конопац" што продукује и асоцијације из сасвим другачијег па и приземног и баналног контекста. Ни у овој песми Деспотов се не лишава могућности да се поигра одређеним заблудама и критички сагледа разлике и сличности „астралног ужета" од песника до песника, као репрезената својих народа:

Српски песници имају кратке конопце
Од византијске вуне
Грчки песници покушавају тестерама да
                                      пресеку везу
Јер су чули да је то радио и Хомер
У Скандинавији се ухвати лед на конопац
Тамо је забрањено намотавати конопац
Преко туђе терасе
Американци се у слободно време играју с
                                        конопцем
Тако што на другом крају привежу
Црнца или белца.

ПЕТРОВИЋЕВЕ ФУСНОТЕ У ФУНКЦИЈИ (МЕТА)МЕТАТЕКСТА

Не верујем у крађу стихова
ништа природније него песму претворити у песму
ништа нормалније него дрво претворити у дрво
челик у нешто челично
земљу у нешто земљано боје земље

Заиста ништа природније него
стихове претворити у нешто стиховано
песму преобразити у нову песму
а шта би од ње и могло бити
а на шта је друго и срачуната

Зоран Петровић,
Не верујем у крађу стихова

Фусноте и маргиналије, као првобитне напомене уз текст, штампане испод текста или са стране уз текст, иако су ситнијег фонта и цртом и празнином одвојене од текста, интегрални су део текста, чешће научног и стручног, а реће књижевног. Њихова улога, ипак није само у наглашеној документарности и изношењу аутентичних извориште; нити једино у функцији узгредних и мање важних коментара и забележака уз рукопис; нити у „научничком каћиперлуку" како је знао рећи Михиз; већ и у „прерушавању текста"[120], ироничном дистанцирању и умножавању могућности читања основног текста. Штавише, често су то филолошки записи, рефлексивне премисе, објашњења, цитати, па и есеји, који кореспондирају са примарним текстом и предметним језиком и међусобно се прожимају.

---

[120] Светлана Слапшак: *Фусноша*, у књизи, *Речник књижевних шермина*, Институт за књижевност и уметност, Београд, Нолит, Београд, 1986, стр. 213.

Будући да су и песма и прича комплексне творевине у којима живе поред интертекстуалних и вантекстуалне везе, заправо, сваки књижевни текст (и не само он) зависан је од структуре његових сегмената – од његове организације, која је у узрочно--последичним уланчавањима везана за интертекстуалност, односно за тајну и суживот текста и контекста, текста и подтекста, текста и метатекста. Очито да и прозване напомене испод и уз текст (фусноте чешће, а маргиналијеређе) узимају учешће у унутартекстуалним и вантекстуалним структурама и везама текста појединачно. Наиме, контекстуалност је одлика, енергија и способност, коју известан текст или његов део поседује у односу (међузависном) на други текст, иако, на пример, временски или психолошки не припадају истим координатама и размерама. По новијим тумачењима, контекстуалност је семантички квалитет који текст поприма у односу на неки други текст, а међуусловљеност разлика је значајније присутна у стиху, него у прози. Чести су примери да песници зачудном „изменом" или неуобичајеном „променом" хотимично укључују реч у, на први поглед, неадекватан, непримерен и несагласан лексички контекст, не би ли достигли особит ефекат (по тврдњи Новице Петковића), зависно од тога да ли је то неочекиван, туђ, удаљен или чак и супротан контекст.

Уколико текст (и фуснота, дакле) достиже ниво контекстуалности у односу на други, то је интертекстуалност, а уколико се текст односи на себе односно настао је под утицајем другог текста – метатекстуалност, који је истовремено и фреквентан појам савремене лингвистике и науке о књижевности. Основа творбе метатекста односно модел и начин међутекстовног надовезивања између два или више текстова јесте прототекст, што може бити сваки текст способан да постане објект поменутог међувезивања. Настајање метатекста на основу прототекста је праћено и семантичким гибањима, при чему прелазак (ин)варијанте једног текста у други јесте важна редундација и пресипање порука у поетском дискурсу. Наиме, и сам прототекст садржи у себи иницијаторе и подстицаје међутекстовних варирања, јер су корелације прототекста и метатекста на темељима биномне опозиције процеса метакомуникације.

Када већ помињем текст као чин и вид комуникације, битна је напомена да у књижевној комуникацији по формули: писац – текст – читалац, овај последњи индукован или самостално разграњава рецепцију до секундарне конверзације, док у метакомуникацији по формули: писац – текст1 – читалац – текст2 (метатекст), читалац није пасиван, већ бива субјектом, јер тек „у читаочевој свести настаје књижевно дело"[121]. Штавише, он се јавља као други писац, преводилац, својеврстан трансфер, али и критичар. Значи, поред комуникације коју жели да успостави писац са читаоцем, нужно постоји и повратна комуникација читаоца са писцем кроз текст[122], па и метатекст. Тако да можемо увести знак једнакости између пишчевог метатекста, превода, интерпретације, коментара, есејистичке импресије, па и читаочевог метатекста. Афирмативни ауторски метатекстови су цитати и прераде властитог текста, док су контроверзни – критичке алузије и полемичке белешке.

Исту судбину или адекватније казано, у истом контексту данас су и фусноте и маргиналије, које су постале саставни и равноправни део, признајем, разуђених савремених књижевних текстова. За ро-

---

[121] Зоран Константиновић, *Увод у упоредно проучавање књижевности*, СКЗ, Београд, 1984, стр. 60.
[122] Тиодор Росић, *О песничком тексту*, БИГЗ, Београд, 1989, стр. 39.

доначелника употребе фусноте у прози проглашен је Борхес, чије приче обилују фиктивним напоменама иином псеудоначном апаратуром уз текст. Затим, Чеслав Милош користи „линију и белину" раздвајања текста од напомене као црту разломка која привидно одваја и дели целину. Кад је реч о маргиналијама, код нас је Марко Ристић објавио серију бележака под овим насловима.

И за песника Зорана Петровића (1954) фусноте су неодвојиви део песме и то као битан фактор метатекстуалности песме о чему сведоче његове књиге песама: *Айсолуйна нула* (1996), *Сйасийи сйасиоца* (1998) и *Присуйни су одсуйни* (2002), у којима су фусноте, у облику цитата, доживљаја, коментара и есеја, активни учесник већине песама.

Цитати као фусноте

Петровићева књига *Айсолуйна нула* означава присуство фуснота у функцији поезије, и то у употреби цитата као коментара песама или поводом песама. Још је једна необична карактеристика напомена испод текста, а то је да су цитати везани временски обично за средњовековна и ранија збивања и на први поглед немају много заједничких додирних тачака, али није тако. Штавише, након једне Петровићеве песме читамо и три цитата, различитих географских координата, језика и веровања, али сви они успостављају контакт и разговетно комуницирају како са песмом, тако и међусобно. Дешава се и да цитат чини основни текст песме, након чега следе стихови и есеји, па и завршни коментар у облику песме, али су сви међуусловљени. Једино правило попут улазнице у свет Петровићеве поезије, а које се мора испунити јесте завидно знање и искуство.

У песми *О раскоши божјој са три француске слике* мото гласи: „У сваком постоји мајушни храм / довољан за живопис непрегледан" и детерминише садржај могућег и очекиваног погледа једног од посетилаца изложбе („успаванку", „грчку драму", „столетно стабло", „кристалну ружу која лети у сновима љубавника", „ветар у житу", „траг пужа", „далека сазвежђа"). Међутим, није тако јер, уместо да „задивљен изненадном лепотом" посматрач „усправно стоји" он „гледа као да је видео запаљене градове / људске удове у продавницама Страшну моћ на делу / Гледа и можете га убити неће да призна / да нешто предивно заиста и види")[123]. Петровићева унутартекстуална објашњења су асоцијација са „гусеницом" и њеном „неспособношћу летења" или посматрачева немоћ, непознавање законитости оптике и последични очај, јер „прекрасни каменчић који је извадио из воде / у његовој шаци постаје мали и ружан". Фусноту уз ову песму чине три цитата: Бориса Вијана, Адолфа Белеа и архиепископа Данила, који доносе дијалог мржње неразумних и тврдоглавих верника и проповедника; легенду о бестијалној казни недужних („каменовање једне жене и три мушкарца") у име неукости и примитивности; али и издашну и свесну жртву посвећене Јелене Анжујске. На тај начин, долази до умрежавања више текстова (у овом примеру пет: мото, песма и три цитата) и из тога следе вишеструка вредновања и тумачења свих њих, али примарно песме и њена порука бива преображена или саображена под утицајем осталих текстова или већ њених сегмената. Читаоцу се не нуди закључак, већ до њега или њему сличног мора сам доћи.

---

[123] Песник Зоран Петровић не користи знакове интерпункције (тачке и запете) у песмама, али их користи у фуснотама.

И то пре свега, стрпљив и едукован читалац, инсистира песник.

Песма *Велика година рибе* чији је наслов могао бити и почетни стих сваке њене строфе: „Истиче велика година рибе" је песма наговештаја апокалипсе као и књига *Апсолутна нула* што се уочава и из наслова њених циклуса који као да одбројавају: „Три", „Два", „Један" и „Нула". Да песма обухвата и визије ранијих апокалипси, али и нова сазнања и предрасуде, сведоче Петровићеви стихови:

Време је рећи – до виђења
и још док смо овде наручити песму за крај
тамо где одлазимо она се не може унети ни у
                              срцу
Овога пута потоп неће почети кишом
ову стазу пред нама покриће постепено
                             инсекти
ситне птице па летећи ћилимови
давно ишчезли змајеви изгубљене летеће
                           тврђаве
и на крају ишчупане ветрењаче и крилати
                           бицикли
Ово ће све мање бити шетња
а све више лутање по истрешеним небесима
Бићемо преображени металним крљуштима
које ће падати по нама од распуклих сателита
летеће пламене буради од експлозија небеских
неми као рибе или свети ратници под оклопом.

Фусноту ословљену „позајмљеном белешком" чине отргнути цитати Мориса Дриона из *Романа о једном Богу (Александар Велики)*, који варирају на диференцијацијама и аналогијама времена („васионска година садржи двадесет пет хиљада наших година") и на занимљивостима са предзнацима симбола и предсказања, под чијим дејством је песма зачета („Земаљска година се завршава знаком

Рибе, а нова се рађа у знаку Овна. Међутим, васионска година се гаси са знаком Овна да би нова почела у знаку Рибе"). У истом тумачењу је чињеница да „су први хришћани као симбол нове ере узели Рибу, који им је служио и као знак распознавања пре него што су усвојили симбол крста"). А подсећање на „земљотрес који се у Палестини десио за време Христовог страдања" Петровић ову катаклизматичну слутњу уопштава и изједначава са Орвеловим „смаком света", али и проналази узроке и сав тај временски период релативизује и минимизује искреним двостихованим самопитањем, које понавља: „Јесмо ли ишта рекли / је ли нам од тога боље".

Песма *Апсолутна нула* инсекте антиципира као предзнак блиске смрти, уместо жаба из доба Душана Силног и Александра Македонског, а у песми *Пјевач на стаклену мору* мото другог дела је цитат из *Откровења Јовановог* (прве записане најаве апокалипсе), а првог *Псалам 119*, чији стих: „Вичем" Петровић преузима паратаксично. Песма *Ходочасници са Гутенберговом сенком* постиже квалитет метатекста својим садржајем (довољно је само побројати ликове и места: Исус, Марија, Мојсијева рука, мошти Светог Јакова без главе, Гутенберг, Голгота, Даблин, Јерусалим, Трсат, маслињак код Лорета) и у фусноти откривајући изворишта својих стихова, преображава се у метаметатекстуализацију, коју иначе постижу и предмети певања. Наиме, значке и огледалца[124] као рели-

---

[124] Петровић се позива на Нормана Фостера (књига *Ходочасници*, ГЗХ, Загреб, 1986) и веровање да је површина огледала била предмет различитих религиозних култова јер јој је придавана моћ да задржи лик у себи (што је и прастаро словенско убеђење), чије је преношење до нових ликова у ствари један од видова метакомуникације, па и метаметакомуникације:

„У хришћанству су огледала и значке-огледалца убрзо постали популарни, упоредо са наглим развојем ходочашћа

квије са јаким религиозним култом, су споро и спорадично, од светилишта до безимених појединаца, трансферисале моћ и заштиту (значи, по убеђењу верника, поседовале су карактеристику метајезика, и реализовале је), док је каснији „Гутенбергов алхемијски изум савладао проблем масовног умножавања" и комуникације, јер „са светих места ходочасници нису доносили само значке и огледалца, већ и најневероватније приче које су преплавиле њихове завичаје и преко ноћи постале прави усмени бестселери".

Композиција песме *Егиратски балзам* је заиста необична. Чине је три дела, која започињу опсежним цитатима из Херодотове *Исторрије* о видовима балзамовања (један је поступак за значајне нпр. фараоне, светитеље или богате и значајне личности, други скромнији за средњу класу и трећи, најједноставнији, за сироте). Након њих следе стихови проистекли из већ оваплоћеног питања („ко зна можда ће једном из ћелије / из само једне ћелије ниђи човек"), али и примерени за сваки од облика балзамовања. За први је парадигма:

ко зна можда ће једном из моштију светитеља
као миро потећи срећнији народ

а за други пак:

ко зна можда ће још једном
из ничега настати све

у различита светилишта. Гомилама ходочасника било је практично немогуће да својим очима разгледају реликвије изложене у црквама: стога су се износиле напоље, и то на посебне трибине на три спрата... Многи ходочасници који су стајали спреда, близу трибине, имали су огледала која би дигли увис како би у њих ухватили одраз реликвије. Чак и по мишљењу оних који су сами јасно видели реликвије – одраз је на неки начин остао фиксиран у огледалу. Тако је и огледало постајало света реликвија и предмет поштовања."

док су за трећи парадоксалне констатације и наивна веровања као утеха:

> Нешто су наопако схватили
> нешто су побркали
> кости из земље ваде и показују
> као доказ постојања.

Међутим, заједнички уводник у виду рефрена за сва три примера је у двостиху који нас враћа вечитој дилеми:

> За велику несрећу су се спремали
> или за велику срећу.

Сем тога, сваки од сегмената садржи и причу: прва је исповест игумана о усекованом свецу, друга је о Јамама и Јадовнама из блиске прошлости, а трећи о масовним гробницама из непосредног и ововременог окружења. Очито да поменути примери сами слуте домете метакомуникације и метатекстуализације Петровићевих песама, чија је организација прилагођена за вишеструко семантичко надовезивање.

Есеји као фусноте

И књига *Спасити Спасиоца* потврђује песниковy посвећеност фуснотама. Цитати су супституисани есејима. Неретко, једну песму објашњава неколико есеја тачније рефлексивних песама у прози. На пример, песма *Чему историја Рима* поседује мото, три медитативна записа и песму, као и песма *Твоје сузе уопште нису лековите*. Док песма *Чувари речи* има две напомене, једна кореспондира са мотом, а друга са песмом, а накнадно и сви међусобно. Али, организација песама је таква да стихови и фуснота нису само у контекстуалном односу, већ се спајају и раздвајају по принципу зависности и узроковања, тако да је повремено немогуће одредити иницијацију од коментара. Чак и у позицијама када се наизглед садржајна диференцијација размерава вековима, веровањима и континентима.

У уводној песми *Ужас бесмртника* за усамљене и старе, за „оне што не спавају", за загледане „у неми телефон", за жељне „нечијег влажног образа на узглављу", песник у есеју-фусноти *Почнемо ли о нечем никада се нећемо вратити* нуди спасоносно решење, али и легитимише мото свог стиховања: „ћаскати на нарочит начин. Да не поменемо ниједног заједничког пријатеља, да низашта не кажемо ни да је ружно, ни да је лепо. Да пустимо речи нека говоре, да одзвоне – у свакој стоји отисак нашег срца. Да настављамо овде онде и онако како је и где је онај претходни завршио. Да се ни око чега не споримо допуштајући савршено право на немогућу мисао". Да би завршном реченицом – „једна мисао је довољна да нам потроши живот" (привидно очекиваном, а уствари амбивалентном), понуђену утеху зачинио критиком и визијом неискоришћених потенцијала.

Савет како да „не умремо двапут" песник доноси у *Слици о малом паклу* следећим стиховима:

> Кажем јој – не веруј када кажу –
> твоја смрт је преплавила бескрај
> Твоја глава не сме да мисли смрт
> већу од свих светова,

и доводи у контекст са напоменом испод песме: „И зар је Одисеја могла бити дркчије испричана на простору између неколико острва где испод малог и једноличног мора понора влада раскош". Док, још један подтекст у образу упозорења да „ни небо није веће" од „слике о малом паклу", као и закључак да „потоп толико мањи од мора Средоземног... и данас представља један крај света у нашем старом срцу" открива испод површине песме још један нанос и то онај „немогућих мисли" и њихове метатекстуалности.

Да прошлост, када већ помињемо пролазност, може бити истовремено и залудна и потребна, и сувишна и неопходна тврди песма *Уложено је у бедеме све што имамо*. Трагајући за узроцима рушевина као симбола нестајања, али и бивствовања у стиховима, песник је експлицитан: „никакви варвари не долазе споља" или „варвари су се увек појавили међу нама" јер „то је последица наше савршене снаге". Фуснота *Има држава, има градова који су прошли боље од нас* очито да даље корелира на исту тему и продубљује поглед на трагичност пролазности: „Ми који смо хтели живот без краја обнављали смо се као варвари и више не умемо да испричамо причу о себи. Постали смо племе, гомила једнаких, нека врста елементарне силе, слепе и без самосвести". Песник потенцира већ постигнуту моћ метатекста: „Тако и гинемо, свакодневно, у авионима, бродовима, пожарима – као гомила у којој нико не завређује причу; причају се још увек неке старе приче о неким давно ишчезлим људима". Сврху историје и памћења, па и жртву времену, Петровић ипак оправдава, иако футуристички: „Египатска мумија служи да сачува макар једну ћелију из које ће се једном у будућности клонирати нечије биће. Римска статуа, ма колико била оштећена временом, увек ће неким својим детаљем, у машти онога ко је пронађе, успети да оживи као целина; да се клонира из његовог знања". (Тако и читалац доживљава Петровићево песништво – зависно од афинитета и знања, значи и од компатибилности са песником). Крај есеја враћа нас поново песми, илуминира сегменте песме (стихови-слике) и семантички их моделира, мења, продубљује и допуњује, те читаоца приморава на метаконверзацију.

Песма апологоетског наслова *Ми Богу дугујемо ведрину* не оправдава у потпуности ламент над младошћу и пролазношћу уопште:

> Постајете питоми господине пишче ове странице
> Са зрелошћу старца и сновима младића
> може се постићи једино питомост пуна туге
> и туга – која не спава када се склопе очи
> када се покријеш преко главе
> када замишљаш своје изневерено лице
> свој стас у раскораку борца
> Постајате питоми господине са два лица

као ни завршна строфа:

> Макар не били овде Макар били одсутни
> Макар утопљени у мисао о смрти
> Ми Богу дугујемо ведрину,

али тек есејијистички став о психо(пато)лошким сензацијама испод стихова, који тумачи ствараочев страх од „близине сазнања да смо све већ рекли, да је све речено"; затим, последични „очај" спознат као „инфекција идејом самоукидања"; па депресивни синдром, „присилна идеја", која се „ротира и појављује периодично као комета... изазове трусове, непогоде, поморе читавих унутрашњих насеобина, поремети равнотежу бића и одлази"; све до „суицида извршеног још појавом идеје о томе", који у савременом друштву јесте и „вест о одласку каквог шмркавца у освајање Крова света" и трагичан чин и чин „праћен узбуђењем и ведрином" јер „се чини први пут", што очигледно увећава специфичну тежину поменутих стихова и дисперзију могућих значења.

Чему историја Рима својим насловом илуструје историјски подтекст и бојазан од заборава, а о односу песме према моту, три есејистичке фусноте и још једне стиховане, сведочи податак да песма броји само шеснаест стихова, а фусноте двеста петнаест редова плус туце стихова о Константину Кавафију. На питање да ли је реализована метатекстуалност одговориће сами наслови фуснота: *Мора се учинити нешто за свог Господа, Треба спашавати свога Спасиоца* и *У име оца који постајеш*. Јунак прве напомене је „сликар" који је „сликао чудне иконе на начин пећинског човека" и „себе видео као генијалног дивљака из несхватљиво далеке будућности", а након „обожавања собом и својим иконама... осећао се као полубог и Бог сам", док га је околина „сматрала суманутим и дивљим". Друга пак фуснота иронично набраја заблуде и грешке: „Умишљено смо веровали да смо само ми важни, да смо најсавршеније божанско дело", „Руку на срце – све смо урадили против онога који нас је створио. А ако нас је створио оваквима какви јесмо – можда то и заслужује", „перфидно и безобзирно смо величали његову славу, као да Он не зна шта је", „Виђамо ли Спасиоца у неком другом делу изузев у себи", „Бог је време у којем ће се показати да смо ми заправо Он; да Он није Он, него смо то ми који смо га стварајући се исцрпли". Почетак трећег есеја: „Направио је тридесет и три града које је назвао по себи, као да је сваки од тих градова представљао једну годину његовог живота" непосредно успоставља контакт са именом песме, док се даља песникова запитаност („Зар би неко ко је био одличан у философији, сјајан у геометрији, перфектан у песништву, непобедив у гимнастици, могао да обиђе свет ради његовог *спаљивања*") преображава у закључак („Дозволимо ли да он у нама малакше као у осталима – нема философије, нема књижевности, нема времена у којем би трајала и једна једина наша реч") који накнадно значењски расипају Петровићеве стихове из песме:

> Чему историја Рима Зоране Петровићу
> када је једино његова пропадљивост
> на све применљива
> када су његове истине
> вечне и непромењиве
> а само варвари савршенији

и континуирано их плаве новим таласима смисла који удвајају сваку реч а особито личности и њихове сенке које и данас препознајемо, али често и неоправдано игноришемо.

У песми *Чувари речи* песник „сања да понавља речи које беху у Творца" и да „враћа речи у свет", а у фусноти их пореди са „ловцима на бисере" и њихове успехе и заблуде, сумњу („Да ли пишем о теби – не знам / Пишем ли то себи – не верујем / Пишем ли теби – ко зна"), осмехе и сузе („дно и врхунац почетак и крај одсутност и присутност") и коначно „питање, зашто пишем" односно подсмех „свих оних о којима не знам да ли пишем" и „свих за које не пишем". Док стихом „ти и ја понекад" Петровић уводи и Творца, а фуснотом поводом мота („Постоји ли на том путу тачан редослед путоказа кроз духовни простор" – кроз „предео мисли", додајем) даље варира и прожима текстове.

Песма *Одвалио сам* и Молијеров мото: „Шта? Ти примаш за готово ово што сам казао и мислиш да се моја уста слажу са мојим срцем" су у контексту, а обимне фусноте-есеји *Мала теорија одбране* и *Игра сенки* „универзализацијом аргумената" и дијалогом бројних историјских личности и учења, као и сумњом у „вечну истину", надовезује текстове и успоставља комуникацију међу Петровићевим књижевним и историјским јунацима, који имају безброј заједничких одлика и, не само између њих, већ и између данашњих читалаца и примарног текста.

Учитељ, Предавач, Аутор – писци фуснота

И књига *Присутни су одсутни* (иначе честа Хераклитова беседничка фраза) обилује есејистичким медитацијама испод песама и бројним цитатима познатих филозофа, песника и научника узетим за њихов мото (нпр. Хераклит, Демостен, Сартр, Пруст, Јунг, Бекет, Молијер, Флобер, Октавио Паз), али иновацијом што су актери у фуснотама Учитељ, Предавач и Аутор. Често, писци коментара су сва тројица, ређе један. У једној песми (*О лакоћи писања*) Учитељ је аутор песме. А да би Петровић сугерисао контекстуализацију и метаконтекстуализацију писци фуснота су: *Аутор као Учитељ, Учитељ као Предавач, Аутор под утицајем Учитеља* и *Предавач као Учитељ*.

Релације Предавача и Учитеља илуструје фуснота *Учитељ о Предавачу* из које се претпостављају и објашњавају и Предавач и Учитељ („И када открију нешто што се не уклапа у унапред постављени ред ствари, напуштају то и заборављају. Постају напрасно сенилни, слепи и глуви као последњи старци; дементни, плашљиви и глупи. Не одговарају изазовима, не смеју да се суоче са собом и светом; беже у своје кавезе из којих цвркућу заводљиву, али ропску песму") или пак пример Тесле и Едисона, Мркаља и Вука Караџића додајем. Штавише, успеси научника попут Јунга, иако необично звучи, „спасавају Бога", јер спознаја „важности низовима неузрокованих догађаја" Творца као генија (по теорији каузалитета) трансформише у „чаробњака... без грешке и то данас као на почетку времена". Аутор се, међутим, свега три пута јавља као писац есеја испод стихова, али је као актер стихова завидно фреквентан и бива неопходна спона за конверзацију песама (са или без посвета и мота) и фуснота, и не само њих („Комуникација се обавља преко посредника, где се једно ауторско Ја одваја и постаје тумач. Такође, једно читаочево Ја се одваја и постаје тумач").

Оправдање за стваралачки чин („Онима који кажу: Све књиге су већ написане, одговарам: Сви људи су већ рођени") наставља се и у песми *Не верујем у крађу стихова*, кључну песму за песников став према поезији односно према данашњем доживљају песме као „корпорације" и његовом начину комплексног стиховања. Да прво цитирамо песника:

> Заиста ништа природније него
> песму преобликовати у нову песму
> Песму коју осетите у грудима постаје друга песма
> ви постајате други ви
> Она украде вас – ви украдете њу

> И шта је ту украдено.

Скептични Предавач свестан да „сви желе да буду аутори... а само ретки да слушају" упозорава: „Можете провести живот цитирајући бесмртнике и да останете на почетку свог подухвата. Можете их исто тако парафразирати, наводити по сећању, стављати у друге контексте и корелације... и све би било у реду да се ту не поставља питање ауторства". Учитељ као синоним Творца подржава писца: „Открити, себи близак, цитат познатог писца, велико је откриће; а тек непознатог. Проверити га на свом искуству – велика је вештина. Ставити га у модеран контекст, тумачити га из своје актуелности представља напор сличан онима који откривају рептилску кост и излажу је у музеју, да би на њу поново пала прашина". Али, ни текст није пасиван, нарочито не узалудан, јер свако накнадно читање „открива дистанцу, мере и правце сазревања" читаоца од првог читања, тако да се „штиво појављује као тумач, као сановник прошлости који оно подсвесно и симболично извлачи на видело и чини га објективним и јасним".

Очито је, да су тематске преокупације Петровића, у којима је заживела метатекстуализација

- страх од заборава ("оно што нема имена – не живи у говору, мртво је и не живи ни међу људима"),
- узалудност ("Господе – постајем биљка"),
- старост ("не могу веровати да је то јесен"),
- смрт ("То више ниси ти / и ред је да останеш / без таквог себе") и
- Бог,

који прожимају не само ову последњу по реду, него све три поменуте књиге стихова, и на тај начин (мета)комуникација није ограничена на нивоу једне песме, већ се расипа и на друге и песме и књиге, тако да стихови бивају акт метакомуникације у више равни односно по механизму повратане спреге и међуусловљености, тако да књига "прича" и о читаоцу и о писцу, и они о њој, и они о себи понаособ.

Мотив смрти у симболично именованој последичној песми *Линија разграничења* Петровић у почетним стиховима детерминише:

> Твој одлазак у нови
> мене враћа у неки прастари живот
> у овом – отворила се празнина

док Учитељ продубљује појам умирања и умор-часа од жалости преко бојазни ("То је тренутак у којем блиски, некада безазлени, постају сила страховита. Они према којима сте осећали нежност, саучешће, па и чежњу – почињу да вас плаше") до зачудних и мистичних емоција ("Они постају да живе овде свој сабласни живот. Ви почињете свој живот сабласти").

У песми *О стварима несталим* песник цитира Пруста који „говорећи о изгубљеном времену говори о губитку себе као о губитку вере". „Старост" по Петровићу „није друго" већ „исто лице истог", а Учитељева асоцијација на исту тему гласи: „Први пут је лице овог света. Други, трећи, пети пут је његово потапање или успон ка неком другом; оном непознатом пред којим осећамо страх". Док, у песми *Препуштен себи* доминантно осећање наших (у себи) несмирених и неизмирених савременика да „свако има своју представу о Богу" преображава у надреалну оправданост („Када бисмо дефинисали Бога, остали бисмо без његове присутности; без његовог благотворног друштва").

Корпорација: Песма

Карактеристика Петровићевог песништва јесте инсистирање на сликама уз хотимично лишавање метафора и песничких инструмената да би такав примарни текст омогућио разголићеним и неспутаним мислима да успоставе контакте и уланчавање и унутар текста и ван текста. У циљу ближе спознаје таквог поетског обрасца, са оправданим поверењем, предаћу реч Зорану Петровићу (а да нисам тражио његову сагласност) тачније његовом писму-есеју *Корпорација: ПЕСМА* (наменио сам му омиљену одору фусноте налик на фусноте испод његових стихова), које ми је упутио[125] заједно са књигом

---
[125] Корпорација: ПЕСМА

Мисао не може бити мисао ако није мишљена на мисли. Ако тиме није оповргнута, доведена у питање, а самим тим и призната као темељ, као порекло, породично стабло, као предак, а не као утопија. Волим свет у којем ништа није изгубљено, барем свет са осећањем да у њему ништа није изгубљено. Зашто помињем баш мисао, а не доживљај, догодовштину, биографску чињеницу, премда има и њих. Зато

Присутни су одсутни. Уз напомену да сам га илустровао цитатима Петровићевих стихова и медита-
што је мисао сублимат свега тога. Мисао је алкохол, опојно средство, Кирка, нешто што може да те заведе и занесе. Нешто што себи није слично, Хераклитова река, сећања на искушњичку пустињу и искуленички потоп. Мисао је оно чему се можеш предати као својој правој природи, не само оној рационалној, већ и оној инфантилној. Зашто се кадкад не би и поиграли мислима, ми којима друге играчке нису остале, ни у успоменама?

Како је мисао, драги мој Александре, нешто што себе потире до пола, а од пола оправдава („половина човека који нестаје / док тражи своју будућу половину / све ситнији на све већем путу"), као онај лесковачки упокојеник који је укопан до пола, тако да је сам себи и покојник и споменик том покојнику, пустио сам да управо слободна, често хаотична, у сваком случају елементарна мисао, буде онај узбуркани флуид (океан) којим ће пловити мој „Пијани брод".

Толико о флуидима којима се креће песма.

Читава песма је, управо напор, драги мој Александре, а ти ћеш то разумети, заправо не-напор да се евоцира успомена на чудо, на времена када су још увек чуда настајала и ходала светом. Нужност самоукидања мишљења, његова противуречност, апсурд и вечност, личи и на поезију и на чудо истовремено. Појављује се ниоткуда и одлази никуда. Дакле, није то пусти напор за уенобичавањем слика света у мојој поезији. Ја желим њихову суштинску необичност. Зато и не користим метафоре које су мале фузионе експлозије довољне да прекомпонују стварност или изглед двеју супростављених ствари. Мисао о свакој од њих понаособ, већ садржи њихову афирмацију и порицање понаособ. Зато сам се трудио, а то и није било тешко, да своје песме растеретим поетских средстава у што је могуће већој мери.

Задржао сам једино слику. Примарни облик комуницирања са светом („Из потребе да се каже нешто ново и, по сваку цену, нешто другачије – у сваком случају, нешто своје, доведено је у питање и само обраћање. Прекинута је комуникација"). И потоњи. И то слику, драги Мој Александре, која ће се контекстуализовати у мисао. А слика, јасно је свакоме ко се бавио менталним сликама, посебно успоменама и јесте флексибилни облик света прилагођен нашим претходним, или накнадним искуствима, знањима или мишљењима. Слика ће пре или касније урадити све оно што мисао од ње буде хтела. Таква је то курва. Климање главом управо са оним садржајем са којим се расположење или претходећа мисао буду изазвале из њене апсане.

ција, не толико да бих му дао подршку и открио упориште, већ да бих указао на законитости кауза-

Будући да је мисао аутопотентна (нема вечитих истина – „реците ми / једну коначну истину / и довешћу вам Господа / у недељу на јутрење") нужно је да буде савремена, али више од тога, полемична. Зато се и она сама изван песмом задатих оквира (а већ оптерећена сликом како каквом гравитацијом ка стварном) контекстуализује у општу културну баштину било видом цитата, претходних или накнадних, туђих или ауторских мотоа, приповести, забележака. И на једном, вишем, цивилизацијском плану још једанпут рекреира своју непостојаност у постојећем.

Како данас рећи за Сартра да није био у праву? („Тако бих волео да напишем нешто друго. Да, на пример, кажем Истину. То је сан сваког писца који стари. Он мисли да је никад није рекао – а непрестано ју је говорио"). Како то рећи за било кога ко се бавио промишљањем света. Како рећи данас за те исте људе да су били у праву. Како рећи сви су они били у праву и сви нису? Немогуће је изван поезије. Само поезиоја то може. Она која ништа не може на свету да промени и која све потајно мења. (Постоји песма о песницима из Лос Аламоса).

Дакле, поступак ове поезије је контекстуализација у што је могуће више планова, узглобљавање неузглобљеног, повезивање неповезаног. Политичким речником савременог доба: толеранцијом за различито, и више од тога, корпорацијом различитог. Док је Витмен веровао у демократију, а савремени свет у толернацију глобалног села ја верујем у корпорацију која неће потрети разлике на глобалном плану, већ ће их наизменично показивати као разноврсност и богатство лица сваке боговетне секунде. А зар то и није била намера нашег Творца. Дакле, драги мој Александре, ова је поезија, ма колико то парадоксално звучало, заправо дубоко религиозна, јер свака права вера почива на сумњи и свака сумња само има шанси да се потврди у вери. Јесте оно што јесте и није истовремено. Није оно што није имало прилике да се суочи са постојећим. Постојеће је само оно што је некада било у ништавилу, у визијама, сновима. Јер, ништа стварније не познајем од идеја, ништа на свету није настало, а да претходно није било нечија идеја, сан, визија, замисао.

Хваљен нека је Господ на небесима и сва његова раскош којој дугујемо неколико тренутака надахнућа („Они који живот толико воле, мораће га и понављати").

Твој
Зоран Петровић

литета и аналогног надовезивања и умрежавања текста у циљу метатекстуализације као чина комуникације између песама и есеја, између песама, између есеја (не заборављајући и утицај и однос мота) и између песника и читалаца. И то по Хераклитовом савету у облику упитника „са два лица", преузутеог од Петровића:

У исте реке ступамо и не ступамо, јесмо и нисмо.

ДУХ ХУМОРА КАО ЖРТВА МИОДРАГА РАИЧЕВИЋА

> Мудраци се само с језом смеју...
> Смех никада не спава, као болест која стално иде својим током извршавајући наредбу Провиђења.
>
> Шарл Бодлер[126]

Хумор, у распону од досетке до ироније и сатире, са бројним и већ тада прецизно дефинисаним врстама и подврстама, био је известан и у античким временима, нарочито заступљен у реторици. Познавали су и користили, нарочито иронију Сократ, Платон, Аристотел, Цицерон, Аристофан, Софокле, Еурипид, а њену етимологију је Теофраст у књизи *Карактери* појаснио са изворним обликом *еиронеиа*[127] (у њеном ужем смислу иронија је „потцењивање самога себе", а у ширем смислу „претварања и лажљивости"). Затим, следе писци као што су Волтер, Свифт, Шекспир, Сервантес, Бодлер, Рабле, Гогољ, Гете, Кавафи, Кафка, Џојс, Бекет, Јонеску, који негују хумор, иронију, сатиру, гротеску, фантастику, комику. И не само они. Као куриозитет је и прозвани Бодлеров есеј *О суштини смеха и уопште о комичном у уметности*, који датира из 1855. И готово да нико од помињаних писаца није поновио исту врсту или подврсту хумора, већ су бивали увек нови и аутентични, иако ослоњени на своје, заиста убедљиве, претече.

---

[126] Шарл Бодлер: *О суштини смеха и уопште о комичном у уметности*, у књизи, Шарл Бодлер, *Сликарски салони, Сабрана дела Шарла Бодлера, књига IV*, Народна књига, Београд, 1979, стр. 223–242.

[127] Теофраст, *Карактери*, Дерета, Београд, 2003, стр. 35.

Разлог за ову различитост можемо пронаћи у Дворниковићевом тумачењу „југословенског органа за смешно"[128] по којем смех има не само своју физиологију и психологију, него и своју карактерологију, етику и социологију и који попут искре у само једном тренутку осветли унутрашњост не само једног човека, него и типизира читав народ и његову склоност. А духовитост, као битан конституивни елемент хумора, мера је игривих духовних снага и садржајних чинилаца: слика, асоцијација, фантазија, метафора, па и алузија и алегорија.

За потврду значајног присуства хумора у свакодневном говору и понашању српског народа, на нивоу карактерног обележја читавог народа, поуздан је следећи цитат Јована Цвијића : „Све оно што се не допада" представницима шумадијског варијетета „јасно се износи шалама, хумором и исмејавањем"[129], који наглашава и детерминише врсту хумора особену за нас. У прилог томе је и Дворниковићева констатација да наш човек не прихвата сваку досетку, особито не празну шалу. За њега је смех олакшање, ретко без оштрице, више наклоњен љутој иронији и горкој сатири, па и сарказму, него пак ведром хумору. У нашој и усменој и писаној баштини затичемо не само досетке, ругалице, доскочице, питалице, пословице, анегдоте, већ и, у правом смислу речи, сатиричне приче и песме. Нужно је подсетити да у XIX и XX веку српску књижевност одређују великани писане речи попут Јована Поповића Стерије, Стевана Сремца, Радоја Домановића, Петра Кочића, Бра-

---

[128] Владимир Дворниковић, *Карактерологија Југословена*, Просвета, Београд, Просвета, Ниш, 1990, стр. 581.

[129] Јован Цвијић, *Балканско полуострво, Сабрана дела Јована Цвијића, књига 2*, САНУ, Књижевне новине, Завод за издавање уџбеника и наставна средства, Београд, 1987, стр. 353.

нислава Нушића, Станислава Винавера, а данас и Душана Ковачевића, доступних и европској књижевности. Континуитет обећавају и Миодраг Раичевић и/или Т. Х. Раич на путу ироније и пародије до Јануса.

Битна функција хумора и смеха је у интеракцији са несвесним у човеку, и то на дискретнији начин, него у већини других видова понашања. То му пружа идентификацију и дијагностику несвесног, али и манифестацију динамике несвесног и његову потрошњу на социјално и индивидуално пријемчив начин, са регулацијом односа свесног и несвесног дела личности. Али, смех није само за локалну употребу, већ има и друштвену улогу у успостављању интеракције између двају или више структуралних слојева друштва и његових психолошких поља[130]. Прототип су нпр. „дворске луде", задужене за скривене и забрањене неуралгичне тачке друштва или етаблираних појединаца, исмејане на ипак, допустив и прихватљив начин. Ту улогу у савременим и сериозним друштвима преузима део институционалног система, који развија и дозира сатиру и друге облике смеха, али до одређене границе, која за одређено друштво постаје препознатљива и остаје безопасна. Ниво и опсег те границе еквивалент је стању тог друштва, које може или не може дозволити слободније односе унутар хумора са присуством прикривених садржаја. Наиме, изостанак хумора као предзнак болести средине, није само репресивни механизам друштва који спречава развој и емисију хумора, већ и психолошка спутаност и немоћ да се хумор произведе и затим потроши.

Друштво које живи у страху од свог скривеног бића смехом, иронијом и сатиром захвата искључиво ефемерне и неважне површинске сфере. Та-

---

[130] Драган Крстић, *Психолошки речник,* ИРО „Вук Караџић", Београд, 1989, стр. 572.

да је обично контролор индивидуалац (нпр. књижевник и сатиричар какав је био горостас српске сатире Радоје Домановић) без надзора од стране друштва, иако са санкцијама, али са продубљивањем и центрирањем свог горког смеха или заједљивог подсмеха, па и карикатуралних фикција и саркастичних и црнохуморних интонација.

Тмуран хумор

Одговор на питање зашто је хумор у свим видовима испољавања учестао стваралачки чин и одбрамбени механизам писаца пред насртајима постојеће и сиве свакодневице, па и у примеру песника Миодрага Раичевића алијас Т. Х. Раича, јесте у психолошкој природи хумора, блиској спрези фрустрација-агресија, чији концепт објашњава агресију хумора као последицу доминирајуће фрустрације. Наиме, динамика сваког хумора је агресивног порекла, која потиче из несвесних слојева, где су потиснути из индивидуалних и социјалних разлога и у хумору траже своју експанзију и усмеравају је управо према ономе што је довело до њиховог репресивног положаја.

Свакако, да и песник Раичевић зна да је хумор, пре свега, одговор уметника на унутрашње или спољашње фрустрационе изворе, на које је принудно упућен (нпр. „сјенкама без наде", „онима који се мрзе"). Али, Раичевић зна, и то подвргава смеху, да је агресивност у облику црте једне личности реакција на трајно дејство фрустрационих извора, нарочито у процесу развоја личности.

Раичевић не своди хумор само на духовитост, јер хумор извире из афективних дубина личности, из потиснутих ареала, из полузаборава, из лагума несвесног и из „речи које не желе да буду изговорене".

У Раичевићевом хумору се може уочити разумевање за људске лудости, сетан благонаклон смешак према личним слабостима у којима се огледа човекова природа, стварни човек који није идеалан, чак и кад је заведен и властољубив (нпр. у песми *То ме нимало не радује*: „не могу данас душо / имам комунистички манифест") или кад је наиван нововерник, уз то правописно необразован (нпр. „Компартијо тако ти алаха / Удај фату за ме сиромаха" у *Песми из борбе и изградње*) или кад је његов орган за смех асоцијативно осавремењен (нпр. „лепа си драга као авионска карта / (таква ниси била ни пре пола века").

Извештаченост, конвенција, компромиси, друголики изглед, маска – нису ли, пита се песник, коначно, све то различити видови исте ексцентричности, истог одступања од договорене и замишљене карактерне вредности, која је у хумору присутна као интимна слутња и носталгија, као нулта тачка отуђености, што временом варира те јој се стално прилагођавамо. Отуда потиче и Раичевићева песма *Последњи задатак*:

> Свестан скрушености пред малим
> стварима желим да одем далеко
> од оних који су ме волели
>
> Њихова љубав је љубав траве и
> ниче на рушевинама
>
> Вечита жеља да живе у песмама
> које на њих не личе
>
> Седим на брегу
> последњи пут сличан онима
> који су успели да умакну.

Хумор Миодрага Раичевића је и травестија митова, великих и малих, и уклањање патетиком изатканих ореола, али и тражење човека као мере свих ствари, а не његовог узора створеног у пренаглашеној, неретко и неоправданој, еуфорији, израслој на тлу измишљања и сањања, као што је у песми познатог наслова *Тамо, далеко*:

> знам да је реч љубав била
> претешка за наше усне
>
> оно што је остало да лебди у ваздуху
> мора да је још увек тамо
>
> добро ће доћи будали
> која прва наиђе.

Хумор, познато је психологији, донекле преузима улогу сна и безбедности, па су и процеси његове трансформације донекле слични механизму прерушавања (сведочи и Миодраг Раичевић стиховима: „Затварам очи и враћам се у 1974"). На тај начин хумор кондензује, премешта и симболизује садржаје, разлама просторно-временске категорије, ради са привидно апсурдним логичким релацијама, репетитиван је, изоставља неке делове, али у целини узев он је читљивији од сна, бави се комуникатибилнијим проблемима, чија је природа општија од природе сна[131].

На путу до песничке аутентичности и овладавања магијом смеха, песник Раичевић је морао да прерасте белег првих књига (*Осјећајне пјесме и једна коњска*, *Чараје у трави* и *Дебеле девојке*), а то је логика и ниво досетке и анегдоте (иако је то повремено успевао, па пример, у двостиховима: „у срце које је заувек отворено / више нико не може ући" или „машиновођи би сви хтели да јебу мајку / али не могу док не дође суп"), али и да мимо типолошких

---

[131] Драган Крстић, *Психолошки речник*, ИРО „Вук Караџић", Београд, 1989, стр. 709.

образаца хумора пронађе свој слојевит песнички хумор о данашњем трену и егзистенцијалној тескоби, у којима напрслина унутар бића или унутар делова личности, постаје још израженија, као што је то у гротесци и црнохуморном дискурсу[132], који као особен тон у Раичевићевом књижевном изразу, иако се не разликују увек, откривају комички несклад у некој карактерној особини или на пример у суровом сплету околности, попут посете гробљу у песми необичног имена *Игром до случаја*:

> Нема тог покојника
> кога неће развеселити
> букет свежег пољског цвећа.
> Само треба наћи аргументе.
> Нова одела и старе навике
> не иду заједно.

Раичевићев црни хумор нема увек функцију злурадог подсмеха, него и интелектуалне катарзе у откривању сурове или трагичке истине о природи људској, као што је и у песми *Потоња ура Његошева*:

> Онај ко је измислио укрштене речи
> био је свестан да је љубав тужна
> као све што кратко живи а предуго
> траје
> као што смешан је сваки бол
> јер пролазан је
>
> срце на извесном
> одстојању чини се премалено за
> врх стреле
> напуштам земљу и никад се више
> из ње нећу вратити.

---

[132] Михајло Пантић: *Миодраг Раичевић: Монти Пајтон у савременом српском песништву*, у књизи, Михајло Пантић, *Нови прилози за савремену српску поезију*, „Григорије Божовић", Приштина, 1994, стр. 179.

Гротеска је и у Раичевићевој рецепцији карикатурално-фантастична и искривљена слика стварности, која не изазива комична, већ застрашујућа осећања (нпр. „сутра је празник / бабу треба распаковати"). Као израз супротстављања општеприхваћеним схватањима и веровањима и као знак отуђености од света, нарочито је присутна у епохама у којима се разбија вера у рационалне и природне основе на којима је изграђен свет и у којима фантазија градећи слику распадања одређене духовне структуре прелази све границе природно могућег и рационално прихватљивог[133].

Иронија

Закључак да је иронија у стваралаштву Томаса Мана средство да духовно у човеку очува само себе у односу на живот и претећу околину, прејудицира да је извориште и хумора и ироније исто и да су хумор и иронија израз сопствене осећајне немоћи, која се компензира потребом за критиком. Међутим, између њих постоје битне диференцијације. Док иронија тежи да потврди постојање реалности и да пренагласи значај тог постојања, хумор оповргава постојање нечега или то постојање чини бесмисленим. Иронија, дакле, узима у обзир, а хумор опозива реалност. Затим, иронија уводи строгост односа и пропорција, сразмерних и прилагођених озбиљности онога што је подвргнуто иронији, док хумор уноси веселост управо због тога што је неки садржај учињен нереалним, или је, бар, према том садржају развијен психолошки однос као да он не постоји, што доноси опште психолошко олакшање.

---

[132] Институт за књижевност и уметност у Београду, *Речник књижевних термина,* Нолит, Београд, 1986, стр. 229.

Иако бележимо заговарање да је у семантичкој равни, уз одређене претпоставке, ипак могућа регулација смисла дискурса, која усмерава разумевање, и на тај начин омогућава жељену рецепцију текста, Раичевић је убеђен да тек интенција дискурса или писаног текста одређује трасу разумевања[134], као правца по којем се струја свести креће у сусрет смислу дискурса.

Да би неки текст постао иронично доступан мора садржати још неке интенције и да се императивно умеша на специфичан, иронији својствен начин, потврђује нам песник Раичевић својим поступком. Неопходно је, наиме, да на смисао текста буде извршен специфичан контекстуални притисак, јер ниједан текст сам по себи није ироничан, већ у односу на контекст. Колико је песник придавао пажњу том дејству довољни су као илустрација и сами иронични и црнохуморни асоцијативни наслови песама из књига *Главу горе висибабо* и *Трице и ку'чине* (нпр. *Плавуше одишу здрављем, Потоња ура Његошева, Ивица и Марица, Иако је био глув, Бетовен је писао писма, Погледај га, невернице, Боље пакт, Паника на гробљу или џоме-бацк Саве Савановића доајена српских вампира, Архимедов пољубац, Немам више времена, Ромео и Јулија, Хармс*), који „функционишу" тек кроз стихове који следе.

Сем тога, при формулацији ироничног текста, поред уградње извесне интенције у њега, неопходно је ангажовати и смисаони потенцијал контекста или је пак довољна нека посебна интенционална активност, чак и она неочекивана и недоследна, позната апосиопези и анаколуту као стилским фигурама. Раичевићеви су стихови богати преузетим

---

[134] Драган Стојановић, *Иронија и значење*, Завод за издавање уџбеника и наставна средства, Београд, 2003, стр. 138.

фразама, политичким флоскулама, ироничним асоцијацијама, сегментима колоквијалног говора, познатим стиховима, сви у ауторовој акрибичној и семантичкој преради (нпр. „америка и енглеска биће земља пролетерска", „крај сутјеске прохладне воде", „далеко вам лепа кућа", „време очева смениће време малих, допадљивих ствари", „више вас нећу остављати на миру").

Питање размака између интенционалног извора и текста Раичевић понавља на заоштрен начин. Заправо, сам писани текст не може водити дијалог, док специфичне игре текста и контекста то могу и бивају полазни основ за евентуалну реализацију ироније. Парадигматична је песма *Лет изнад птициног гнезда* у чијем подтексту је чувени филм *Лет изнад кукавичјег гнезда* на амфиболичан начин, више умрежен иако априори двосмислен:

О, где си, где си сада, жено проклета,
Ти бледа сенко што ме у црно зави.
Откад оде на ме пазе по два санитета
И лове те увек кад ми се моташ по глави.

О, тежак ли је живот у љубавним лудницама,
Онај што чезну за тобом сад је иза жице.
Кажу пукло ми је у глави, али ја добро знам
Да је пукло међу нама. Зар не девојчице?

Раичевић сведочи да иронија није само духовита и подругљива порука, већ пре свега латенција, могућност, предлог читаоцу, али несугестибилан. Такав песников став подразумева присуство аутора (као интенционалног извора) у тексту, али се очекује и читаочева активност и стрпљење, и када је реч о самом тексту и када се мисли на непосредан контакт са контекстом, чак и онда када изгледа удаљен и привидно непознат, па и нелогичан на први поглед (што је и одлика ироније), а врло нам је близак (не само по Змају), као у песми *Ништа није неизрециво под условом да не ћутиш*, чија прва строфа гласи:

> научници за древну индијску ајуверда
> медицину у тривандруму потврдили су
> чаробну моћ једне воћке чије плодове
> припадници племена кари у држави
> корали једу да би добили снагу и
> остали здрави и вечно млади.
> у кремљу због тога засад нема нервозе.

Неправедно би било, у овом тренутку, не поменути још један сегмент поетског интересовања огрнут иронијом, поготово што је редак у српској поезији кроз векове, али и што стваралачки порив не води порекло из отпора према ововременом, већ су плод идеје и осећаја бескрајног и вечног. Реч је о љубави, која садржи и еротско односно еротично[135], што постоји и пре речи, и у речима, али и после њих. А тако и у речима песника Миодрага Раичевића, који се чуди, својеврсној иронији, да у временски лимитираном човеку бива вечност. Управо из тог привидног противречја између осећаја коначности и сопствене ограничености, с једне стране, и спознаје и блискости бескраја, с друге стране, израста иронија љубави, па и лирике и еротске поезије, као што је то код Миодрага Раичевића и његовог инсистирања на давању легалитета, код нас, запостављеној или вешто притајеној поезији маштања и замишљања, макар она била блиска котама баналности и тривијалности (нпр.

---

[135] Милан Комненић у књизи *Ерос и знак* (Просвета, Београд, 1975) преузима тврдње појединих филозофа и песника да су еротски чин и еротска књижевност међусобно несводљиви и да су то два различита вида постојања, након чега је извео закључак да праве еротске уметности нема. Али, аналогно по узору на Платоновог бога, чији еротски нагон стреми преко душе, и изрази могу постати еротски уколико се одрекну статуса пуке ознаке и пређу руб изолације, творећи услове за алузије, слутње и слике.

књиге стихова *Трице и ку'чине* и делимично *Горе главу висибабо*, затим циклус песама *Прцоиијер* у књизи *Речник афродизијака*).

Ако апсолвирамо премисе бројних филозофа да се иронија у изворном смислу дефинише као свест и мишљење, који су, тежећи највишем циљу, постали јасни и свесни сами себе и заслужено пригрлили хармонију, онда је очекивани закључак да иронија персонификује сам врх духовних лествица. А аналогно и завидну висинску тачку у подручју мишљења и у сфери доживљаја. Дакле, и као врховна могућност зачуђеног духа, али и насмешеног над самим собом, над својим постојањем и као акцентован афирмисан доживљај бескрајности, тачније идеје бескраја у љубави[136]. Али и замишљени идеал није амнестиран од хумористичне и сатиричне типолошке ироније, поготово не од пецкавог Раичевићевог пера, као што је у песми *Креветац*:

> жене су биле моја слабост
> мале гузне поплочане
> пољупцима који се
> споро суше
> а онда је
> и томе
> дошао крај
>
> лепо је мени татица говорио
> жене, је ли
> еееееееееее

као и у једном од Раичевићевих *Јебитафа*:

> Јебо сам у животу преко мере
> Ипак, толико тога не стигне
> Иако није био мањи од бандере
> Ову плочу тешко ће да подигне.

---

[136] Драган Стојановић, *Иронија и значење*, Завод за издавање уџбеника и наставна средства, Београд, 2003, стр. 48.

Пародија

Да би се ироничан смисао разумео као ироничан, битно је само то да значењски садржаји буду приступачни ономе ко разумева. Са пародијом је другачије. Пародијски смисао је могуће схватити захваљујући деловању осамостаљеног семантичког фактора неусаглашености текста, с тим што улогу контекста код пародије игра неко већ постојеће дело. Таква пародија није усмерена на подривање егзистенције пародираног садржаја, већ на његову вредност и аутентичност.

Наиме, пародија је песма испевана на неку другу песму или против ње, тј. комична, подругљива имитација озбиљне песме, састав у стиху или прози у коме се карактеристичне и типичне особине израза и језика једног писца или једног дела, затим особине једне књижевне врсте, стил епохе свесно наглашеним хиперболичним карикирањем имитирају како би коначно постале смешне. У српској литаратури Станислав Винавер је са својом *Пантологијом новије српске пелентирике* сасвим оправдано (време је потврдило) ставио под критичарску и пародијску лупу *Антологију новије српске лирике* Богдана Поповића.

Иначе, могуће је разликовати три поступка пародије. Први је вербални, који променом појединих речи постиже ефекат тривијализације или карикирања датог предмета или појаве. Међу ретке примере спада и Раичковићев дистих („Ја не пишем ово за тебе и њега / Већ за оног што ће доћи после свега") из књиге *Стихови* (1962), који је у Раичевићевој обради:

Не пишем ја ово ни за тебе ни за мене
Већ за оног што ће доћи из треће смене

Други је начин, комично и иронично имитирање стила, језика, стваралачког метода или манира једног писца, апсолвиран од стране Раичевића, али не као стожер већ као декор и оквир пародирања. На пример, Попина песма *Врати ми моје крпице* пародирана и измењеног наслова *Врати ми моје гаћице* гласи:

> Шта је с мојим гаћама
> Нећеш да их вратиш нећеш.
>
> Врати ми моје гаћице
> Врати кад ти лепо кажем
> Моје гаће од чисте рунске вуне
>
> Скидај то бре рекао сам
> Скидај
>
> Врати ми моје гаћице
> Ја ћу теби твоје.

Трећи образац је тематско пародирање, које у својој транспозицији обухвата тему датог дела, као и његову форму, изразитије са хумористичним и благо-сатиричнијим акцентима, као својеврсна песничка критика песничког књижевног дела, као што је то песма Десанке Максимовић *Стрепња*, уврштена у бројне антологије, која је у Раичевићевој тандарологији *Музини ветрови* (у тој лежерној деконструкцији преовлађујућих модела песничког говора полувековне савремености)[137] иронично преименована у *Одбиј!*, а њен рефрен „Не, немој ми прићи" у „Не прилази, човече", „Не прилази, бре" и „Не прилази, идиоте". Амбијент рафинираних и идеализованих романтичарских усхићења преточио се у оно чега се такво осећање и примар-

---

[137] Гојко Божовић, *Дух пародије*, у књизи, Гојко Божовић, *Поезија у времену*, Октоих, Подгорица, 2000, стр. 286.

но плашило. У агресију и мрзовољу узроковане фрустрацијама и страховима из искуственог и подсвесног.

Очигледно, да се пародијски смисао отвара тек када препознавање онога што је пародирано садржи поред његовог семантичког визира и првобитни дискурс. Тада се уочава расцеп између пародије и објекта пародије, и сва њихова неподударност и неусаглашеност који се осамостаљују као засебан семантички фактор контекстуалног притиска и да, као даљи исход тога, вредности оригинала у пародијској имитацији не морају више да важе или не важе, нарочито када су у питању стихови или текст непознати читаоцу. Уколико је, пак, текст препознатљив и као подлога, као што су то већ побројане песме Васка Попе, Десанке Максимовић или Стевана Раичковића, онда он преживљава и пародију. Нарочито ће трајати управо оне песме богате духовном релаксираношћу, која стих чини пуним и сугестивним[138], а што песници нажалост, често превиђају.

Пародија у основи постаје нека врста критике не само писаца, књига или књижевних навика, критеријума и схватања која се пародирају, него и ширих подручја културног и јавног живота. Пародија то постиже хумористичним или сатиричним откривањем мотивацијског система неког дела, жанра или читавог књижевног смера, указујући тако на аутоматизам и шематизам одређених књижевних поступака. Раичевићева пародија повремено прелази из ироније у сатиру, на пример, када је у његовом фокусу дечја поезија односно став и процена прозиваних дечјих песника о дечјим потреба-

---

[138] Михајло Пантић: *Миодраг Раичевић: Винаверовим трагом*, у књизи, Михајло Пантић, *Свет иза света*, Народна библиотека „Стефан Првовенчани", Краљево, 2002, стр. 159.

ма и захтевима, потцењујући и омаловажавајући дечју моћ и машту као реципијента, доживљавајући их, пре свега и увек, као предшколски узраст. О дечјим потенцијалима и способностима говори само њима знана рецепција цртаних филмова и усхит као њихова последица. Ваљда зато, цртани филмови немају предзнак *дечји* као наведени списатељи[139].

Из оваквих Раичевићевих опомена недвосмислено је да је битно егзистирање пародије у истом систему културе, у којем је оно што је предмет пародије већ укорењено у вредносни систем, али се стварањем дистанце према поменутим вредностима наглашавају диспропорције тих двеју конфигурација (пародираног и пародије). И то у виду отпора према пародираном или назнаке жеље да се вредносни механизам напусти. На тај начин, све те вредности у пародији постају неукорењене, извитоперене, необезбеђене, повремено потрте, извргнуте подсмеху, не више нужне, истрошене, лишене обавезности. У неком другачијем систему оне бивају угрожене, ако не већ и сасвим поништене[140].

Посебну пажњу заслужују Раичевићеве пародије на посвете. Тако је мото „Охридским трубадурима" за песму *Балада* Бранка Миљковића преиначен у следећи: „Хоће ли публика умети да зева / Као што сам ја зевала њој" потписан наводно од

---

[139] У крагујевачком часопису *Кораци*, 9-10, 2002, у рубрици *Српска књижевна лаж* објавио је песник Миодраг Раичевић циклус пародија над називом *Павловићева маст* и са поднасловом *Песме за лепо васпитану децу* у којем пародијску сатиричну оштрицу трпи неадекватан третман деце, особито школског узраста, од стране дечјих песника, али и образовног система уопште, предоченог у лику учитељице.
[140] Драган Стојановић, *Иронија и значење,* Завод за издавање уџбеника и наставна средства, Београд, 2003, стр. 198.

стране Лепе Брене; у песми *Чмичак* Слободана Зубановића мото „Боље чмичак на оку него рак на плућима" ауторизује Васа Павковић-Пелагић, док у песми *Бродски (дневник)* Јована Христића евидентирамо непотписану посвету: „Треба прво препознати себе па се онда заволети".

Циљ пародије је доказати да одређени канонизовани квалитети нису укорењени, већ левитирају и у стању су лебдења и несигурности, а стилска средства унутар три назначена поступка су заиста бројна и песник их углавном све користи, заступљене зависно од песама и песника који су предмет пародије. То су семантичка хипербола својстава која подлежу пародији, изобличавање семантички релевантних или препознатљивих структура, хотимична употреба неспретних парафраза оригинала, супституција и анахрона микстура цитата прволиког дискурса, лоцирање цитата у неадекватне просторе и времена и мотива.

У Миљковићевој песми *Балада* аутор користи замену текста, конкретно речи или њихових склопова. Први Миљковићев стих је: „Мудрости, неискусно свићу зоре" а пародиран гласи: „Гарсон, неукусно је пиће море", а у наставку песме „обичне речи" су замењене „обичном жваком", „дивни старци" претворени у „кивне старце", „метафоре" у „семафоре", „птица" у „буразера", „пепео не хули" у „на ГСП не хули", „Сунце" у „пивце", „савест" у „несвест", „орлови" у „малигане", цео стих „прикован за стену која не постоји" у „прикован за тарабу која не постоји" због измене амбијента и временских координата новонастале песме, док је завршни стих „Исто је певати и умирати" искарикиран у негацију „Није исто зевати и комирати се", која, иако парадоксално звучи, у овом или аналогном егземплару, понављам, негација као стилско средство у иронији и пародији није симплификована негација већ акцентована афирмација предмета ироније или пародије. Али, ова семантичка супституција речи, синтагми и стихова узрокује бројне ланчане експлозије у даљем тексту, пре свега, нудећи обиље смислених нивоа, асоцијација и слика.

Затим, *Октаве у лету* – пародија на згуснуто--дескриптивну песму *Октаве о лету* Ивана В. Лалића, поседује потпуно нову архитектуру, као и вокабулар и банализацију тематске преокупације, али подражавајући оригинални дискурс. Прва два Лалићева стиха:

> Кад већ почетком лета сенка чврсне
> И протка јуни као жила мрамор

Раичевић је препевао, преузимајући цитат не из наше баштине, како би то могло да се закључи, већ из нуспродуката савременог друштва у виду новокомпоноване народне музике:

> Кад крене почетком лета цветак да зановета,
> Промирише и протка јуни бићем својим целим.

И песма *Дечанска звона или светковина срца* Даринке Јеврић предмет је пародије Миодрага Раичевића. Његова песма *Како да не* започиње следећим стиховима: „ћутим / одува ме вјетар ко маслачак" који су асоцијација на чежњу и ћутњу песникиње („ћутим / вјековима ћутим твоје име"), а завршава се дијалогом са песникињом: „као што видиш / дара је опет превршила мјеру".

Песма Душана Матића *Теку реке* чији су два средишна стиха уједно и кључ њеног читања и разлог писања („трава заборава ил трава успомена то је све што остаје / нек теку реке нек носе љубав") препевана је пародијски и то под именом *Нек теку клеке*. Видно је да је рефрен „нек теку реке" измењен у „нек теку клеке", а градација Матићеве интонације песме од „нек носе шта носе", преко

„нек носе блато и бол" и „нек носе злато и бол", па до краја – „нек понесу небеса са собом нек понесу и своја корита", трансформисана је у колоквијалну изреку – „шта кошта да кошта".

И *Јеремија* Љубомира Симовића, као иронична митопоетизована бунтовна песма никла из тла и утопије о неуништивости христијанизованог српског народа преображена је у заиста нову песму, али је изворна мотивација сачувана, а у једном Раичевићевом стиху препозната детерминација времена мрака: „пола века сатруло је у слободи". И песма транспарентног имена *Озго чизма оздо шизма* Гојка Ђога из циклуса *Кућа оца Црнбога* евоцира вечиту антитетичност („А свете књиге Кажу / Ако неко упали свећу / неком другом свецу, / лизнуће га њен пламен") уз пристрасност („наше бајке живе на улици"), док је Раичевићева верзија, посвећена сабрату Рајку Петрову Ногу, пренела време и место песме из мита у урбано и данас. Реч која је у обе верзије јесте „богомоља", али док Ђого каже:

> Зато ми не зидамо богомоље
> доста нам студени овај камен
> да под њим оставимо муда

Раичевић признаје правдајући се:

> Зато смо и порушили богомоље,
> Да бог може свуда да нас прати.
> Али су Срби понекад такве воље
> Да те је страх стати па гледати.
>
> Зато седи на камен, ладан, станац,
> Буди ми друг, да камен не буде самац.

Из ова два примера се намеће суд да пародија схваћена као нова смисаона конфигурација која изневерава миметику и веродостојност пародираног, ипак, не уништава и његову значењски засновану егзистенцију. Напротив, у њој се та егзистенција изнова заснива аналогним, али у односу на првобитно коришћени семантички материјал, измештеним и луксираним стилским и значењским средствима.

У Раичевићевој пак *Песми књишког мољца* присутна је односно доминира и *Песма књишког мољца* Саше Радојчића кореспондирајући чак међусобно и рабећи исте синтагме и исте речи, па и заједничку им меланхолију.

Жртва

Песник Миодраг Раичевић испунио је захтеве и претпоставке које захтевају не само хумор, иронија, сатира и пародија као засебни видови књижевног језика, већ и предуслове аутентичног песничког поступка. Осим духовне релаксираности стиха, нужна је и игривост језика, којим се аутор не користи, ни у поезији ни ван ње, да би се конвенционално споразумевао, већ да би се њима атипично поиграво[141] и уживао у тој игри речима и смислом.

Ипак преостаје одговор и на питање зашто се један даровит песник одлучио за иронију, сатиру и пародију, свестан да подређује свој таленат и нуди књижевности својеврсну жртву[142]. Нису довољни само психолошки корени агресивне критике из тишине и мрака подсвесног и искуства фрустрираног, као ни унутрашња потреба тачније зависност да све појаве, нарочито песме, песници и њихова остварења добију права имена. Можда је и прити-

---

[141] Гојко Божовић, *Дух пародије*, у књизи, Гојко Божовић, *Поезија у времену*, Октоих, Подгорица, 2000, стр. 285.

[142] Реч сатира је изведена из латинског језика lanx satura која означава жртвену зделу напуњену разним воћем што је и судбина хумора, ироније и сатире као уметничких жанрова.

сак смисла и звука великог црногорског владике и поете, који влада, плени и поробљава на Раичевићевом говорном подручју, поспешио да се лансира Раичевићев смисао за хумор и пародију, који је српска књижевност дуго ишчекивала.

НИКОЛА ВУЈЧИЋ
ИЗМЕЂУ РЕЧИ И СТВАРИ

> име потврђује ствар. оно што светли заглeдано је у себе. око отворено. опис кога не могу обухватити речи
>
> Никола Вујчић, *Пред излогом*[143]

По ауторовом аскетском начелу тумачења стварности, саображеног времену, простору и кретању, не може се спознати свет, уколико је приоритет дат догматској датости физичке стварности или уколико се ограничимо на површну опсервацију и утилитарно поимање свега око нас. Уметнички чин је један од образаца да се у стиховима и нотама, на платнима и скулптурама, пренесе јединственост коју, у чулима и промислима стваралаца, завређују извесни предмети и појаве, као и личности и асоцијације, па и њихова имена која их неретко надживе. Кроз естетске импресије песници, сликари, композитори и ини, репродукују аутентичну и пре свега личну контекстуализацију према стварима из околине. Не интересују се за фотографско пресликавање или речитативе пуке имитације, већ, апсолвирајући начело неодређености Вернера Хајзенберга и теорију релативитета Алберта Ајнштајна, наносе у својим делима валенце и спојнице између уметника и објекта његове знатижеље. Варијетети могућих узајамности посматрача и посматраног, детерминишу коначне резултате стваралачког подвига.

Песник Вујчић заговара напор одрицања од егоцентричне тежње да се све и сва потчини и подреди субјективном, што омогућава ствараоцу, да

---

[143] Никола Вујчић, *Препознавање*, Просвјета, Загреб, 2002, стр. 46.

стожер песничког бића пренесе на активни истраживачки однос егзаминатора према околини. На тај начин, безлични предмети и појаве, односно наше површне и наивне представе о њима преображавају у лични доживљај и јединственост сваке појединачне ствари, уз обилату потпору успомена, детињства, полузаборава и снова, чак и ејдетских слика и света подсвесног. На пример, у књизи *Тајанствени стрелац* (1980) омиљен Вујчићев предмет – „сасвим мала оловка... украдена од непознатог човека на спавању", за песника она није само неутралан или замењив предмет одређене употребне функције, већ, заслугом сећања (каква год да су), бива фактумом међуодноса и веза, уз непрекидно занављање емотивних таласа.

Потврда и подршка оваквом Вујчићевом приступу је још у античком апофатизму (псеудо одрицању онога што се уистину тврди), модификованом од стране теолога у одречни богословски говор (негирању да се знање и истина црпу из дефиниција, које, ипак, одређују датост и онемогућују њене инверзије). Време нас учи, да су дефиниције само договорене границе, условне међе и контуре или пак мимикрија, иако то изгледа невероватно. Ерудиција, дакле, није резултат искључиво проучавања каталога или лексикона, већ активног учешћа у животу уз неопходну емпирију.

Интересантно да је и Црква ради очувања догматских типика, још пре десет и више векова, свесно давала предност богослужбеној поезији и музици, који су успевали да, осим илузије сигурног знања (што је, иначе и чинила тадашња конвенционална логика), својим сликама, тоновима и симболима, сугеришу и смисао између речи и с ону страну речи односно илуминирају смисао доступнији општем чувству живота, а мање рационалним прописима. У књизи *Дисање* (1988) проналазимо условно речено Вујчићев манифест одречног богословског говора:

> ...има речи које потпуно
> обухватају ствари, била је потребна извесна
> храброст да научим неке речи чија значења још
> нису потпуна, али су неопходна да би дан био
> јаснији, та храпавост којој сви прижељкују да
> се изгуби као у огледалу понекад је неопходна.

Речи

Као што сликара откривамо у нијансама и мистеријама боја, тако је и песник Никола Вујчић утемељен „у мрављињаку речи". Тачније у тежишту архитектуре и семантике своје поезије, где трага за правим именима и проверава тајне имена, па и над-имена. Јер, стихови: „све је у речима" које „секу оно што нам се дешава" не само да илуструју пишчеву опсесивност том целовитом и самосталном језичком конвенционалном јединицом односно комбинацијом гласова која асоцира одређен и релативно константан појмовни садржај; већ нас, противно дефинисању и лимитима, враћају почецима („ко је први изговорио реч тај је сад паук па се / диже / и / спушта / дугим реченицама"). А на почетку је, знамо, била реч („У почетку беше реч, и реч беше у Бога, и Бог беше реч")[144] и то реч као нуминозна и „незадржива слика која хоће да искочи из свог рама" и аутор то не крије („био си као да те нема, сав у једној речи"). Штавише, цитатом:

> бог је био брз у стварању света.
> у сваку реч, као у посуду, ставио је по неку
> ствар, негде
> и две-три, негде нешта сувишно, негде крупно
> да друго заклања, негде је нешта сакрио,

---

[144] *Јеванђеље по Јовану*, 1, 1.

песник не да не жели и не може да нас изненади, после уводних приближавања и критике савремених апологетских богословних промишљања; него, убеђен да „свет нема већу тежину од језика" и даље „шушти као папир пун речи" и (не)хотимице комуницира са прозванима. Јер док читам есеј *Логосни састав материје* грчког теолога Христа Јанараса, иначе Вујчићевог савременика (али не и познаника), као да читам есеј о Вујчићевој поезији:

Песма је садејство и јединство речи. Да би постојала песма, није довољно пуко сабирање речи: потребно је садејство, обликовање речи, њихова композиција и склад. Ово садејство[145] речи које чини песму нова је стварност, другачије „суштине" од „суштине" песника; па ипак, оно је увек показатељ логоса његове личне особености, али и иницијатор нових остваривања живота: песма је реч (логос) која делује и која се динамички остварује унутар времена; свако читање песме јесте ново искуство и нови доживљај, другачији логички однос, полазиште нових стваралачких изазова"[146].

У овом часу, нужно је допунити Јанарасово „несвесно" виђење Вујчићевог самосвојног песничког поступка. Заправо, за почетак песме, на први поглед, Николи Вујчићу довољан је један поглед, сан, снохватица, облак, звук, детаљ из сивила свакодневице, предмет или појава из околине (нпр. кућа, прозор, оловка, јутро, подне, пут, соба, даљина, страх, цртеж, што су, иначе и наслови његових песама). Након саме помисли на дотични термин (привидно као да је реч о ниском прагу надражаја,

---

[145] Вујчић је то назвао: „*састављају се*" или „*доста-вљају се речи*".

[146] Христо Јанарас, *Азбучник вере*, Беседа, Нови Сад, 2000, стр. 65.

а тврдим – није), ток песме се брзо продужава врцавом и неочекиваном асоцијацијом, која изазива следећу – муњевиту (у ранијем Вујчићевом песништву) и – сплаварећу (као што је у последњој књизи), али кратког деловања („оно што сам сањао / ухватио сам речима, али то траје само док / изговарам"). И тако редом, кључају и варниче инициране слике и метафоре, повремено и синестезијски условљене, али у центрипеталном луку, до краја песме, где се све успори, усагласи, објасни и осмисли; где је и битна тачка укрштаја и синкретизма.

Привидно, као да песник и не планира унапред како ће окончати своју песму, јер и када је он „сигуран да су то праве речи, оне нису сигурне и оклевају". Читалац ових редова може се навести да погрешно пресуди о претећем присуству анархичности у Вујчићевој поетици. Међутим, читаоцу Вујчићевих стихова, којем, из речи у реч, еруптивно навиру и надиру сећања и доживљаји узроковани насловом или почетком песме или претходном метафором, уистину је ближи закључак о акрибичном и суптилно организованом и све време контролисаном Вујчићевом певању (отуда и његово ретко јавно оглашавање). За сведока ћу позвати једну Вујчићеву „безимену" песму из књиге *Препознавање* (2002):

казна. реч изговорена на брзину,
да би утврдила своје ћутање. мутна слика.
иконостас пред којим клечим и удишем, све
што је на том огледалу оживело. и губим се
међу речима, изговорен склизнем попут
сузе, низ лице, у прашину која је казна.

Вујчићев језик није симболичан, већ синонимичан. Понављане Вујчићеве речи не желе да буду симболи. Аутор очито не користи ни метонимију.

И не покушава да постигне ентропију варијацијама синтаксичко-интонационих фигура и рима, већ је заокупљен емпиријским проучавањима значења језичких јединица и исказа, односно узајамности између њих и њима асоцираним појмовима. Пример спонтане и гипке градације до мета-преображаја контрапунктираних речи унутар једне песме јесте у песми *Препознавање*. Песник је прво „узео комад папира и / почео да пише само једну реч – / празнина, празнина, празнина" да би убрзо „добио осећај да га та реч празни". Касније „и више није било никакве разлике између / њега и написане речи", да би „проговорши, заправо, био написана реч". И „све друге речи губиле су се у многобројним угловима" празнине, која се „одвајала од свега и муњевито ширила своје почетке". На крају песник „све тише, казујући себе, губи се" док не „постане јека белине папира".

„Речи су кругови"

Вујчићеве се речи „гомилају у дугим реченицама" и то по Боровом моделу и закону атома („речи су кругови: и дан и ноћ"), што појашњава раније поменуто кружно кретање речи (тих најситнијих слободних језичких форми и монада), које се, у Вујчићевим стиховима као по електронским путањама, непрекидно мимоилазе и сударају, зближавају и одбијају, деле и умножавају, али све по типику асоцијација. Иако се поједине појаве (скривене иза свог имена) „тако брзо крећу, да излазе из својих речи и губе значење", ипак, и на тај начин ћуте или преносе своје мисли и искуство.

Еквивалент реченици (молекулу, слици), у песништву пред нама, јесте зачудна моћ и магија песникове собе (песника, дакле) у чијој „тишини – хиљаду речи чува време"; у којој је он „сам, а око њега су речи, као набори на завесама", који обећавају летаргију. Ту су, коначно, и оправдања за лајт-мотив *Фернанда Песое* (али и Николе Вујчића) који изворно гласи:

> Бити песник, то није моја тежња,
> то је мој начин да будем сам[147].

Након чега је прихватљива пишчева бојазан и недоумица при пажљивом одабиру одговарајућих и илустративних речи, као и данашња последична и залудна дон-кихотовска борба за сваку реч:

> само поправљам, то што могу
> као што грана поправља свој врх растом
> шире́ћи листове, као што боја поправља другу
> бо́ју
> и свако јутро учим говорити,
> и свако јутро учим гледати

јер Вујчић зна да „бар трећина речи нема ослонца, већ су дим". Разложна је и порука коју је преузео од Пенти Сарикоског – „никад нема довољно речи, морају се тражити сваки дан".

Речи-ствари

Очито да Никола Вујчић није онтоман, ни онтофоб. Нити за себе исписује онтомастикон. Он је посве́ћен именима и речима и њиховом међусобном односу према предметима и појавама које означавају. Тачније, песник би да докучи тајне и мистерије, које, запоседајући простор између речи

---

[147] Фернандо Песоа, *Поезија,* Веселин Маслеша, Сарајево, 1986, стр. 76.

и ствари, знакова и објеката, ознака и означенога, постају својеврсни корелативи (било по типу симбиозе или контрапункта), подложни променама по налогу времена и кретања, што их детермени15е превасходно као жива бића.

И сам песник, запитан да ли и колико имена одражавају предмете и појаве и „могу ли речи да ухвате и савладају оно што гледа и осећа"[148], по сопственом признању („све верујући да је видљиво и присутно, да постоји / само зато што је видљиво. Али, до ђавола! / управо је обрнуто") претпоставља да речи или њени сегменти чешће ларвирају него што нуде суштину, а да задатак песника „сличног усамљеној светиљци" присиљеног да „речи препознаје гледајући около, вадећи их и слажући у хербаријум, гледајући без престанка", није ништа друго до упорно трагање за есенцијом у унутрашњој целовитости имена, у њеним гласовно-семантичким честицама, у битним посебностима морфолошке структуре ономе и/или предмета песникове знатижеље и опсервације. И у синтагмама, и у привидно ефемерним квалификативима и у сенкама на размеђу трагова постојања и опонашајућих ефеката. Али, и „између" и „испод речи".

Ни „размак између речи и ствари" као и њихова међуусловљеност, нису привилеговани у Вујчићевом песништву већ варирају и мењају своју семантичку одежду. Примера за изречени суд и обим могућих углова виђења и рецепције је заиста безброј у стиховима, који искре од биномних приближавања или удаљавања (читај нуђења или егоскривања сопствености). Почетном стиху из мота овог текста („име потврђује ствар") противрече стихови: „од речи су јаче ствари, посебно / пустош међу њима". Али препознајемо и стихове у којима

---

[148] Никола Вујчић, *У размаку између речи и ствари*, Повеља, Краљево, 2002, 22, 1, стр. 64.

се семантичко и гласовно „једначе" („чаша је празна као чаша"). Очигледна је и узајамна импрегнација имена и предмета („напола реч / напола ствар"). Окружени смо, и пре Миљковићеве детекције, „речима већим од уха" или ума песниковог. Вујчић је свестан песничке минорности пред бесмртношћу речи („ја сам тренутак и не знам шта ћу са речима које изговарам"), те слутећи упозорава и читаоца и себе:

> најзад ћеш постати
> мрља
> отвор
> кроз који ће протутњати
> празне речи.

Ипак, утеху нуде стихови: „реч ружа је јача од саме руже, која брзо свене" и упорним „описивањем... мирис руже избија из крша речи", иако, гле парадокса (рекао би Никола Вујчић) „свака реч је чини старијом". Речи су, дакле, свемоћне („језик руши врата"). Свемоћан је и знак, као и цртеж (нпр. „латица" на папиру може „добити огромна ружа"). Синоним су куће („утрчала сам у реч као у собу")[149] и спокоја („кад свака ствар обуче своју реч / и урони у њу као спавач у сан").

Песник између речи и ствари

Да би осујетио реализацију наговештене слутње, па и претње (као што су на пример – „грађевине склепане од неуких речи"), песник Вујчић, преузима један од основних предуслова онтоло-

---

[149] Као препознатљив песнички образац Никола Вујчић, у књизи *Дисање* користи дијалоге (опет логос) са вољеним особама или предметима и појавама женског пола.

шког обрасца, који чине не само поменуто стално гибање, већ и утишане метаморфозе, контролисане трансформације, учестала сублимирања, без варница и експлозија, али са евидентним уважавањем процепа између полова, који се, трајући, спајају или одбијају. Као и са присуством магичних и недокучивих и непредвидљивих пукотина између ономе и природе, као између два света[150]. Такву драмску позицију песник вешто користи да истовремено урони и у тај зјап и у себе и у свет око њега, јер „сићушна тишина између реченица... мудрија је од оног што чује у прегласним речима". На тај начин песник успева да се загледа и „у дубину између речи" и ствари; да утврди истину и смисао који су у тескоби из које почиње све; да продре у суштину и њену прилагодљивост и примереност околини и времену, које објашњавају; и да их провери да ли су стварност или огледало стварности. И има ли је у тим зјаповима грознице и мрака тајанства, неопходних за уметнички чин. Стога, песник, окренут речима и у ономе што речи осмишљавају, препоручује:

    треба одржавати везу са стварима гледајући их,
                                     завирујући
    испод где су најосетљивије / најстидљивије, где
                                     их можеш
    најлакше препознати и после, кроз име, уздићи.
    у самоћи су поруке најискреније, када свака
                                    ствар обуче
    своју реч и урони у њу као спавач у сан, кад се
                                  препусти судбини

Очито, да извесним чулима доступни знаци у образу полова поменутог биномног коректива, узајамно упућују и асоцирају на феномене изван

---
[150] Душан Бандић, *Народна религија Срба у сто појмова*, Нолит, Београд, 1988, стр. 100.

њих и изван реалног света, али и на њихове узајамне варијације и комбинације. Не задовољава их пасивни медијатор или трансмитер, већ императивно захтевају корисника-интерпретатора живахне перцепције, свеобухватног прага надражаја и завидног нивоа ерудиције, зарад даље надградње нареченог корелатива, као свеукупне резултанте његове протумачености и реализације сврхе постојања. А један од таквих конзумената-репродуктора јесте песник Никола Вујчић, који семантичку димензију семиозиса (лимитирану на однос између знака и објекта тј. између имена и ословљене појаве) трансформише у прагматички аспект (узајамни односи песника и знака с једне стране; песника и објекта с друге и песника и корелатива знак-објект с треће стране). Што се даље наставља или индукује у књижевну семантичку прагматику (кроз однос читаоца и књижевног текста), која је не само жуђена замка и за песника Вујчића и за његове читаоце, него је и стваралачки искорак.

Песник Вујчић, импресиониран просторима између имена и објекта, означеног и означитеља, и значајем који они поседују („ствари су пуне речи / свет нема већину тежину од језика"), преиспитујући и предвиђајући („сваки отвор постаје око"), дефинисао је, у песми *Говор*, тежњу достојну жетеоца („претвара речи у ствари / ствари у речи"). Песник сав обузет процепима и лавиринтима међу речима и између речи и ствари, као аутентичним гностичарима свих времена, учинио је, у истој песми, још један вредан искорак – сам је постао зјап знања и истраживања односно гностичар („ја сам тај размак између речи и ствари"), наглашавајући тако још једну иреалну и реверзебилну моћ – моћ инверзије. Прећи из себе у себе, дакле. Из спољне сфере у себе унутра (у речи) или из речи у околину или из себе у процеп између речи и ствари, и обрнуто, што је евидентно из следећих стихова:

... једном сам посматрао неки предмет
толико дуго да је изгубио своје обрисе и
                            ишчезнуо
у посматрању, као да је сам себе појео. али,
                     гле! изненада
нагло, из замраченог стакла екрана израњали
                        су његови бокови
из отрова бескраја.
да бих га сад ухватио погледом и описао
                          потребно ми је
свега неколико речи.

Између два света

Предмет, аналоган Вујичићевом моделу песника, који је магијским чинодејствијем омогућавао да се проникне у простор између два света и два противречна пола јесте огледало. У прасловенској митологији огледало је, наиме, фигурирало као нека врста обредног „пролаза" између овостраног и оностраног, између видимог и невидимог, као поглед привилегованог члана колектива, који је понирући у непознати и други свет, настојао да, предсказујући их, допре до предмета и појава изван видокруга, али увек битних за заједницу. Трудили су се, наши преци, да завире у будућност, али и у прошлост. Покушавали су да спознају све оно што се, иначе, није могло доживети.

У Вујичићевом песништву огледало је еквивалент видовитости у процепу између речи и ствари, између знакова и објеката („речи су простране, још може да / стане страха, као на стакло. / као у пукотину коју сам разрезао / да бих отуда гледао"). Чак је и претеча песнику („тамо где сам желео бити била су огледала"). Ритуал предвиђања и спознавања света неслућених могућности проналазимо у Вујчићевој песми *Огледало*, која почиње :

> између зидова и две хладноће
> излазим из тамне воде
> (ко из ноћи)
> и певам за празним столом
> где се светлост скупља

а завршава се Вујчићевом поентом из истог семантичког корпуса и „прелаза" – „мудри гост врата кад отвори / и кроз тајни пролаз кад провуче руку".

Супституција огледала, тачније једна од његових функционалних и семантичких модификација, и по песнику, и по словенској баштини јесте вода, иначе присутна, па и доминантна у Вујчићевим стиховима (нпр. „вода. слика која сама себе разноси / и о томе пева седећи на камену, обучена / а гола и огледа се у свом имену, / огледалцу сјактавом").

Разделничка функција огледала још из словенских веровања одржала се и данас у прагматичком поступку из домена улоге мртвозорника, коју Вујчић не превиђа, већ апострофира и илуструје у песми *Примакни огледало*:

> примакни огледало
> примакни огледало
> још једну реч да
> изговорим
> ако успем да отворим око
>
> да ли се замагљује
> да ли се замагљује
> има ли ме још
> ти најбоље
> видиш
> и искрено реци

сведочећи о виталности огледала у борби против незнања и мрака, независно од темпоралних одредница и лишавајући се, свакако, забрињавајућег сујеверја новијег времена.

Вујчићев стих: „удишем све што је на том огледалу оживело", као и следећи дистих:

> прогони ме лик из огледала
> угледан једне ноћи

асоцирају на сеновиту моћ, придавану огледалу (као и води и другим предметима из човекове околине), од стране наших наивних претходника, али очувану до наших дана. Колико је распрострањено наречено предање потврђује и корен старе германске речи за огледало која означава предмет који у себи задржава сен(ку) односно душу, али и Вујчићев дистих: „заиста сам слеп / ко вода у којој се нико није огледао". Уз напомену да су за Вујчића и његов доживљај пријемчивије субверзивне присиле односно свет неслућених опасности (нпр. „расут у огледалу", затим – „разлупано огледало / расечено лице" или, пак, „сад си ухваћен / сад си у огледалу / узалуд се мичеш") . Отуда су предност, у Вујчићевим стиховима, оправдано завредели сенке и празнина у односу на сени („хајде да од комада празнине саставимо велико огледало"), као и „непознати ликови" и предапокалиптичне интонације над заштитном функцијом, коју је огледало задржало („то огледало... клопка је у којој гмижеш / у којој никада ниси сам").

Време у речима

Подаци да има научника преисторичара који тврде да је још и неолитски човек познавао примитивно огледало од углачаног камена, да се давнашњи човек огледао у води и да се и таквом огледалу одувек придавала зачудна и магијска моћ, упозоравају да је временски ток безмало прави времеплов, могуће пронаћи у речи, њеним коренима, старим семантичким белезима. Зато, песник, оправдано сумњајући и у постулате у које се не сме сумњати, а истовремено убеђен да „су бесконачни разлози оправдања за сваку реч", упућује своје читаоце у дубину и у корене памћења, не само да би оправдао своју песничку задатост, него и утиснуо значај времена и последичне релативности у семантичком животу сваке речи, чија се коначност не назире.

Иако се песникове речи „гомилају" и „сашаптавају... у дугим реченицама" и то по Боровом моделу („брзина реченицу претвара у круг"), Вујичићева активна књижевна супстанца није напросто метафизички атом – Лајбницова монада. Нити је то „недељива егзистенција". Нити је „свет у малом". Нити „свет без прозора". Ни индивидуа довољна сама себи, која функционише на погону опажања и жудње. Већ је та активна супстанца песничког говора, и не само песничког – логос, у којој одјекује све што се одиграло у њој и у објекту који означава и опонаша, као и кроз коју се слободно пробијају време и дух, јер речи су духови наслеђа, трагови времена, али су у стању и да означе или да прорекну све или бар то покушавају. И песниково су средибежиште из којег се у садејству емитују кодови („шта је у речима то ће се и догодити").

Очито да је необичност, али и утемељност Вујичићевог песничког обрасца – временско ограничење. Заправо, драмски ток у пукотинама између речи и ствари који иако се мери секундама, ипак је способан да исцрпно сагледа све што се збило у њима, па и читав људски век (и не само он), као у песми *Кућа*:

рђа на рези врата која отварам
након неколико година да су се она већ
стврднула и постала успомена. рђа, ледена,
круни се и оштрим ситним опиљцима забада се
у шаку. рђа, слепа као кртица проровала је
и истањила овај размак између две речи.
рђа која и сам језик зарђала,
тако сам остао нем

Или у песми *Опис града*:

коначно сам описао град:
хиљаду година старе речи,
послагао сам као коцке.

Јер свака реч односно сваки предмет или појава памте свој буран или досадан живот и у стању су да га репродукују акрибичним истраживачима језика који могу да уживају у механизму позитивне повратне спреге („док сам читала, време сам из речи крала").

Чак и кад је ненаметљив и на први поглед дефинисан корелатив реч-ствар, он носи аутентичан печат свог времена. Спознаја неизвесног простора и узајамне везе, иако подразумева одговарајућу осећајност и убрзано усвајање не гарантује увек успех и резултат („савладала сам неке речи, али, ствари се брже крећу"). Неретко се „тако брзо крећу... да се губе у властитој кретњи". У том случају блиска је катаклизматска исповест: „свака реч је мала смрт".

Вујчићево апсолвирање времена као значајне одреднице и имена и именованих интересантно је његовом симболичном промовисању речи у одевне предмете (најчешће кошуље и хаљине). Управо читајући песме чији су актери поменути делови гардеробе препознаје се песников манифест. На пример, у песми *Писање/читање*:

> ... речи шеušте као кошуљице
> кад их скидам са ствари
> да бих ти рекао шта ту пише

затим у песми *Подне:*

> али, кад свучеш ту одећу са њих, остаје костур,
> застрашујући
> звук шупљине која одзвања међу уснама.
> сад тек видим да је све недовршено / непотпуно

као и у „безименој" песми у књизи *Дисање*:

> ја сам посуда пуна речи али сићушна сам

који, евидентно је, налаже даљу спознају речи и ствари, и размака између њих, кроз просторе и времена, зарад урањања у лавиринте суштаства.

Иначе, само помињање термина хаљине упућује нас прволиким коренима и библијском цитату „И начини Господ Бог Адаму и жени његовој хаљине од коже, и обуче их у њих"[151], који прозива повест о Адамовом, па и човековом паду, и изгнанству из рајског врта и света вечности. Међутим, разлози за корелацију са Вујчићевим речима огрнутим кошуљама и хаљинама, симболишу превасходно замишљене биолошке ипостасе човекове особености (речи и непролазно), касније кривицом човека, удружени са (пред)знаком променљивости, па и пропадљивости, налик одежди коју човек користи.

Употреба библијских мотива, античких јунака, историјских личности и песника, који су одавно завредели белег симбола и универзалног мита, јасно је из Вујчићевих песама, да није у колизији са његовом суспекцијом у коначан изглед и суштину речи, јер их песник прихвата. Штавише, радује им се. Али, зато Лот и његова жена, Мардук, Телемах,

---
[151] Прва књига Мојсијева, 3. 21.

Аријадна, јерихонске трубе, Јуда, Атлантида, Створитељ, Песоа, Сарикоски, који „се понашају као огледало... користе се временом иако им време није потребно" управо појачавају значај временских удаљености које се привидно потиру пред семантичким налетом, али оне увек преживе, макар као координате или опомене периода иза нас. Свестан је Вујчић пролазности као саставног елемента живота и не ламентира над њим, што потврђује његов недвосмислен и језгровит, а надасве, тачан стих:

оно кроз своју дужину дрхтећи траје и заварава,

што је карактеристика не само речи и ствари и простора између њих, него и људског живота уопште.

Звук

Још једну битну карактеристику речи не превиђа песник Вујчић. А то је њена звучност као саставни елемент семантичких предиспозиција. Иако свестан сентенце у виду опомене Иве Андрића: „Кад би речи биле кратког века, као што је звук који их је изговорио", песник инсистира на вечној репетицији, па и трајању, иако варијабилном, при сваком новом ослобљавању извесних појмова које се неумитно наставља, као у песми *Расути звук:*

... кад је већ тако, кад је већ
уткан у моје биће. извлачићу га речима, параћу га
како се пара платно, кончиће ћу мотати у клупко.

Ипак, песма *Усамљени звук,* саопштава Вујчићев декларативни приступ речима и једној од њених одора, и то гласовној одори. Не само одломак стиха: „ствари су закопане у звук", већ и у наставку песме, који поменуто фонско обележје изједначава не само са инструментом и циљем стваралачког обрасца, какав је свакако Вујчићев, већ и, на први поглед, са осећајем материнства, који, по песнику, поседују звучне одлике:

... звук је
постеља. звук је дете додира. звук рађа ствар.
             звук је
мајка.

Док, Вујчићева тврдња из исте песме: „звук је превођење" наговештава иницијацију песника упорно ослушкујући размак између речи и ствари и између слова и гласова („мислећи да је још нешто преостало у том ваздуху / расут звук се борао у лелујању и стварао шум"). Следећа три почетна стиха из песме без наслова, могућа су резултанта тог покушаја да се чује, али и осмисли оно што је људском слуху доступно:

звук. знак који удише и пуни
своју нутрину и уздише док се уздиже
да би га боље чули.

Неопходна је напомена да између звука, на једном, и „шума" и „шкрипе", на другом полу, не постоји знак једнакости. О чему сведоче и два стиха из песме *Свакодневне рушевине*: „љушти се шум са ствари / шкрипе свакодневне рушевине".

Уколико песник или читалац не чују да „у некој големој реченици у промуклом гласу / сашаптавају се речи" противречност је празнина. Не тишина. Већ претећа празнина, као што је то очито из монолога *Нуле* као коначног скора:

... радосна сам кад успем
да се одвојим и сама из себе искочим
у празнину

или као што је последица „пребрзих речи" које су „изгубиле и значење" и себе, у још једној безименој песми, овог пута у књизи *Чистилиште* (1994):

>   остају само одјеци
>   као куцање сата
>   у празној соби.

НЕГРИШОРЧЕВА СТРАСТ ЗА АЛТЕРНАТИВНИМ ФОРМАМА[152]

> Изаћи ћу ја, изаћи из мумијског повоја
> и неће ме стезати дашчице саркофага,
> оно тврдо „зашто" и „како",
> непробојно „где" и „када",
> брижно „одакле" и мучно „куда".
>
> Иван Негришорац, *!*

> Смем цвркутати
> само оно што цури низ жути
> наш кљун Будућност
> ће доћи, кажу Сумњиви су, ипак,
> ти звончићи у хиљадугодишњим
> ушима Главе нам сложно
> расту на неверним
> вратовима
>
> Иван Негришорац,
> *Локот, нехат, лакат*

Песничка неоавангарда донела је српској књижевности, шездесетих и седамдесетих година прошлог века, нови јуришнички талас оспоравања, неприхватања, критичког сагледавања и свеукупног преиспитивања традиције и сваке литерарне конвенције.

И неоавангарду, попут авангарде са почетка прошлог века, карактерише неколико типолошких блокова[153], без јасно уочених граница међусобно. Један од блокова чини поетски текст разви-

---

[152] Иван Негришорац, *Легитимација за бескућнике*, Културни центар Новог Сада, Нови Сад, 1996, стр. 276.
[153] Гојко Тешић, *Контекст за читање приповетке српског модернизма и авангарде*, у књизи, Гојко Тешић, *Антологија српске авангардне приповетке*, Братство-Јединство, Нови Сад, 1989, стр. XXII.

јен у интеракцији између традиције и авангарде, са акцентом на негацији традиционалног модела, као и на негацији и деструкцији важећег књижевног обрасца, док други типолошки сегмент (нео)авангарде, по речима Гојка Тешића, јесте упорно разарање текста, јер се темељи на доктрини радикалне и тоталне иновативности у чијој основи је деструкција, рушење, укидање класичних канона, начела, правила или договора. Као поетичка доминанта новог поступка су фрагментарност, мозаична структура, филмски резови, цитати, документарна грађа, интертекстуалне релације. Оне се намећу као доминирајуће у структури текста, чак и када су у питању и митови и легенде, који се ироничним приступом преображавају у карикатуре, гротескне ликове и шифре, типографске игре и графичке експерименте.

Песничка српска неоавангарда деструкцијом и аритмијом песничког текста и језика, па и самих речи појединачно, нуди приоритет вербалном сегменту говора, као и фаворизовање осамостаљивања фонолошких структура и елемената, чија независност уз изградњу специјалног, али и новог и самосвојног поетског језика, сачињених слогова, слова, заграда, неочекиваних знакова интерпункције и графичких илустрација. На тај начин, је омогућено неоавангардној поезији гранање у различите притоке и рукавце, најучесталије у окриљу научне фантастике, сигнализма, воко-визуелизма (Мирољуб Тодоровић, Слободан Павићевић, Слободан Вукановић, Владан Радовановић), јер неоавангардна текстовност није изведена из признатих жанрова, већ супротно, из деструкције постојећих жанрова или из антижанровске декларације или из формираних предуслова за новожанровски организам.

Истовремено је аутономија морфолошких структура, морфема и речи отворила додатне просторе за иновацију песничких могућности. Свакодневица и њена манифестација – колоквијалан говор, као и досетка и хуморна пројекција, алузије и реминисценције, парафразе и цитати, монтаже и персифлажи, представљају могући поетички параметар на који рачуна неоавангардни текст. Сведочећи тако да свака чулно доступна материјалност, која се може конституисати као знак, заправо је потенцијални чинилац песничког текста[154]. Међу таквим неоавангардним песницима склоним експерименту су Војислав Деспотов, Вујица Решин Туцић, док је Иван Негришорац у улози и представника и критичара српске неоавангардне поезије.

Иван Негришорац, по речима бројних критичара, не припада оним песницима и критичарима који погрешно читају веристичке претходнике, већ их чита критички, дакако свестан лимита њиховог песничког поступка и покушава да надгради песничке могућности[155].

На који то начин Негришорац чини?

Пре свега, разградњом песме, чак и деструкцијом и изостављањем основне књижевне јединице – речи. Затим, маргиналијама, игром речима, цитатима, филмским резовима и монтажом, али и графичким и визуелним интервенцијама, као и очигледним потенцијалима додира унутар песме или између песама, у исти мах и наглашавајући и прикривајући међутекстовност и њену семантичку раван.

---

[154] Иван Негришорац, *Легитимација за бескућнике*, Културни центар Новог Сада, Нови Сад, 1996, стр. 267.

[155] Васа Павковић: *Ахил ће увек трчати*, у књизи, Михајло Пантић, Васа Павковић, *Шум Вавилона*, Књижевна заједница Новог Сада, Нови Сад, 1988, стр. 249.

Разградња песме смешом њених
бројних елемената

У књизи *Ракљар. Желудац* зачуђујући су наслови Негришорчевих песама из две (*Ракљар. Хришћанске басне; Орфеј. Ноћна вожња; Осећам одговорности. Војвода Пријезда; Офелија. Луда; Џон Вејн. Исрпси кокошје груди; Спаситељ. Шупаљ зуб; Хладном, Ахил ће увек трчати; Потрага за благом. Минотаур; Опасности од рушења. Седам самураја; Слава им. Лукијане Лукијане*), три (*Класици. Страх од летења. Употреба мастионице; У торби. До 5 цм. Правокрилац; Душа је. Зидање Скадра. Новорођено; Читаоница. Перут. Тумачим текст; Сабрана дела. C_2H_5OH. Конзерва; Јуначки из кревета. Болани Дојчин. Пихтије*) или чак четири (*Варвари. У соби. Римско царство. Бешика*) просте реченице или речи, на први поглед очигледно без заједничког именитеља, који сугеришу структуру песама – неколико песама у једној песми. Дакле, наслови Негришорчевих песама из два-три периода или друштвена слоја, уз обавезу да је један из митске прошлости или прошлости уопште, упућују на закључак о песништву неколико гласова из неколико времена.

Негришорац се при избору мотива одлучује за онај део наслеђа близак и пријемчив и читаоцима и критичарима и песнику. Лирски и епски сегменти, као саставни елементи, истовремено, једног или више новостворених текстова, бивају укључени у особеност песничког поступка, јер је реч о непрестаним изменама контекста и нелимитираних интонација до метатекста и у брижљиво неговану језичку и семантичку тензију[156].

---

[156] Михајло Пантић, *Закључани језик*, у књизи, Михајло Пантић, Васа Павковић, *Шум Вавилона*, Књижевна заједница Новог Сада, Нови Сад, 1988, стр. 258.

Али да реч дамо самим песмама односно архитектури песничког текста, чије је обележје да се између наслова и последњег стиха постепено развија нелинеарна семиолошка напетост, коју опредмећују стихови између њих[157]. На пример, у песми *Душа је. Зидање Скадра. Новорођено* започиње асоцијацијом на археолошка истраживања („Не објављујем злато Ни наруквицу / бронзану Инжењери су донели нацрте и : ту копајте"), да би се веристички низ прекинуо надреалном сликом и жалом („Плућно крило, ледина за складиште"). Међутим, наставак истог нешто дужег стиха који гласи: „посипали ракијом, по надлактици" враћа нас у збиљу ископавања и њених безначајних последица, као што су повреде приликом ископавања, да би већ следеће везане реченице:

Узидали дојку Инсекти
и млеко низ зидине Низ узицу
Да учврстимо клинове и провртимо кости, да
                                улијемо
малтер у шупљине

приближиле два времена (јуче и данас, легенду и њене обрисе, иронију и истину). Али, следи још један филмски рез, једном реченицом преломљеном у два стиха („Ребра у пушницу, / сезонцима чорбаст пасуљ"), који враћа читаоце у симлификовану збиљу неуобичавајућим исказом за поезију. И на крају неизвесност археолошког подухвата као симбол неизвесности тока песме:

Проклели, окадили На потпорним
стубовима Осећам душу на длачицама
носа До темеља За
срећан порођај

---

[157] Милан Орлић, *Слично али другачије,* у књизи, Милан Орлић, *Записи из поларне ноћи,* Просвета, Београд, 1997, стр. 105.

али и завршна поента у симбиози назначених семантичких равни из троделног или трослојног наслова, уз напомену да је песма обогаћена разгранатим аутономним текстуалним фрагментима, упорним позоришним резовима, комбинацијом свакодневног и ванвременог, видимог и невидимог, обичног и заумног, уз стално допуњавање песме новим токовима.

Понављам, микстуром неколико елемената, два или три, у наслову детерминисане позиције, без видљивих заједничких нити, песник Негришорац, не посеже за очекиваним миметичким сликама и варијантама, већ успева да оформи мозаичну структуру песме, која не очекује рецепцију интегрално, већ се нада поливалентности неког од њених сегмената (зависно од сензибилитета читаоца и текста), као и међуодносом елемената и сегмената. И песма *Осећам одговорност. Војвода Пријезда* илуструје не само иронијско-корозивно интониран разговор са митом и традицијом[158] који у синтези саововременим супарником или опонентом или панданом обезбеђује модерне текстове, иако провокативне; него илуструје и особеност песме да се две доминантне значењске реке из наслова умрежавају са бројним семантичким токовима, који су и кохезионо средство и премошћавајућа компонента у виду бројних асоцијативних рукаваца што се сусрећу и преплићу у меандрима песме, фрагментизујући ионако згуснут исказ[159]. Већ у првим стиховима:

Сад је тренутак Оловка
личи на бодеж

---

[158] Михајло Пантић, *Закључани језик,* у књизи, Михајло Пантић, Васа Павковић, *Шум Вавилона,* Књижевна заједница Новог Сада, Нови Сад, 1988, стр. 259.

[159] Саша Радојчић, *Ништитељ и видилац,* у књизи, Иван Негришорац, *Прилози (Изабране и нове песме),* Orpheus, Нови Сад, 2002, стр. IX.

Негришорац оправдава заступљеност првог сегмента наслова (осећај одговорности), док у наставку читамо у први мах неочекиване, а у наставку стиха и апологоетске закључке:

> Морам очном лекару, пред слова Богови на зиду,
> иконе у капљицама за ширење зеница

које у контекст са даљим током песме доводе стихови: „душа је салата уз главни оброк". Као средство импрегнације два значењска сегмента из наслова песник употребљава сатирично нијансирану слику из наше непосредне збиље (пијачну атмосферу):

> ... на тргу
> пијачно јутро и поврће у зембиљима (Мозак је
> јевтин,
> сезонско снижење).

Али, мозак није само робни производ са пијаце, већ и асоцијација на трагичан пад „са висине", па и асоцијацију на Војводу Пријезду. Као и у већини случајева митска представа бива иронизована и компарирана саововременим личностима и сликом на пример пада или скока „света са висине / Са похабаним кишобраном, / са падобраном / Да чело на плочнику", додатно подвргавајући миноризацији јунаке из националног памћења кроз неочекивану и рекло би се непримерену метафору са излогом у локалној или оближњој месарници. Али ту се не завршава песма, нити трансформација лика Војводе Пријезде, јер је у даљим стиховима очита аналогија, по Негришорцу, са потенцијалним самоубицом или данашњим подстанаром са сличним недоумицама, или супротно сваког са сваким понаособ :

> ... Сада,
> не смем изневерити Кукавац на небодеру Са
> зидина
> куле у мутни тротоар, у перине легенде Док

опсада и муче ме глађу Да
сиђем, платим
станарину

И бројни цитати отргнути из историје или књижевности доживљавају исту судбину као и историјске и митолошке личности. Бивају подвргнути временској дистанци, компарацији и иронизирању, макар цитати потицали и од песнику омиљених узора и писаца.

Спајањем опречних елемената, приближавањем неспојивих полова, као и наканом интеграције непоетских језичких детаља који се међусобно одбијају, Негришорац је на трагу вечног покушавања дотицања виших облика значења (релација иронија-истина)[160]. И књижевни критичар Васа Павковић потенцира да песник Иван Негришорац гради густ и дифузан семантички текст, уз напомену да у контрапунктирању мотива, повезивању односно уланчавању асоцијација и метафора, строго контролисаним хаосом, недри неочекивана и неисцрпна значења, али, управо у том простору додира наглашених тематских детаља односно у простору рубног и међутекстовног потенцијала песништва пред нама[161]. Отуда и кључни термини од стране

---
[160] Михајло Пантић, *Закључани језик,* у књизи, Михајло Пантић, Васа Павковић, *Шум Вавилона,* Књижевна заједница Новог Сада, Нови Сад, 1988, стр. 258.

[161] Као потврду таквом тумачењу Негришорчевог „трансавангардног" песништва по речима Михајла Пантића, наводим цитат из Негришорчевог огледа о неоавангардној поезији под називом *Смисао у одсуству смисла*: „Смисао се појављује кроз сопствено одсуство. Њега нема у интенционалним семантичким структурама, али га има у рецептивној међутекстовној равни. У том простору, наиме, текст се појављује као својеврсни смисаони индикатор, готово нека врста симптома помоћу кога упорни читалац може да дође до посредних увида". Очито, реч је о вантекстуалном умрежавању песме или о вантекстуалном контексту, по Бахтину.

појединих критичара у оцени Негришорчеве семантике су нпр. „катализаторско певање"[162] или индикаторско својство песништва. Штавише, Павковић тврди да песник поменутом комбинацијом асоцијативних фрагмената, упорним позоришним резовима, микстуром противречног и иронизовањем традиционалног у свом тексту скрива и од читалаца једно стање, једну визију, једну истину[163].

Често, сегменти текста сумњају један у другог или пародирају један други или пак грубо и жустро искључују један другог (очигледан је и сам наслов песме *Офелија. Луда*), али се у наставку песме дискретно враћају семантичким интертекстуалним односима свих сегмената песничког текста.

Наиме, читалац при првом, па и брижљивом читању дисперзивних стихова, чије се семантичке нити врло брзо крећу у различитим правцима, онемогућен је да препозна песникову семантичку реку. Штавише, „у авантури лова"[164] на покретљиве фрагменте и њихова значења, читалац је принуђен и на кориговање свог искуства, предрасуда али и искуства из прочитане песме. Што је очигледна Негришорчева жеља, проистекла из његовог поступка филмске монтаже, који подразумева непрестано самокориговање исказа и предмета исказа.

Самосвојне везе асоцијација, вртоглаво прекидане драмским резовима остварују настанак драматичног и напрегнутог текста, чију структуру и кохезионо средство чини монтажа попут слободне

---

[162] Милан Орлић, *Слично али другачије,* у књизи, Милан Орлић, *Записи из поларне ноћи,* Просвета, Београд, 1997, стр. 104.

[163] Васа Павковић: *Ахил ће увек трчати,* у књизи, Михајло Пантић, Васа Павковић, *Шум Вавилона,* Књижевна заједница Новог Сада, Нови Сад, 1988, стр. 252.

[164] Саша Радојчић, *Ништитељ и видилац,* у књизи, Иван Негришорац, *Прилози (Изабране и нове песме),* Orpheus, Нови Сад, 2002, стр. IX.

игре речима, идиомима, синтагмама, али уз обавезно изостављање и прећуткивање[165] очекиване речи без које текст, уверили смо се, и може[166]. На тај

---

[165] Васа Павковић: *Ахил ће увек трчати,* у књизи, Михајло Пантић, Васа Павковић, *Шум Вавилона,* Књижевна заједница Новог Сада, Нови Сад, 1988, стр. 252.

[166] У питању је моћ неизговорене речи односно примена очекиваног и могућег али неизговореног стиха и који, сагласан сам са Васом Павковићем, бива усвојен тек пошто је контекстуализован, како ауторовим исписивањем остатка или наставка песме, тако и читаочевим пристајањем или прихватањем изостављеног, али лако замишљивог и очигледног. Мишљења сам, да ту нема сумње коју реч очекује или последично подразумева читалачки аудиторијум. На пример, у песми *Ракљар. Хришћанске басне* читамо почетне стихове:

Оловка, оловке Недостаје
графитни шиљак Чизме од седам миља и пас
што смрад мастила из гуке на врату (Та мождина, ах
тај плајваз)

и очито да у трећем стиху након речи „врату" а пре заграде недостаје једна реч, али да песма може без ње, јер је читаоци препознају и замишљају свако за себе. Није ли то тај простор рубног потенцијала сегмената песничког текста.

У истој песми наставак гласи:

... Имам чир, окно рудника А рaкље
недостају Да поткожне изворе,
да прстом Ако затреба до коштане
сржи Сести на камен и стрпљиво испирати песак.

И овде у трећем стиху након речи „прстом" а пре речи „Ако" бележимо изостанак речи која би ублажила тегобе изазване „поткожним чиром".

Песма *Орфеј. Ноћна вожња* започиње алогично:

Прошао богазом, кроз подвожњак Музиком
судије на старту И надахнут, псу месо
не плативши друмарину Колико фарови Уз цвећњак
и ребра Са знаковима опасности, над књигом Над
                                                отвореном.

У другом стиху између треће и четврте речи по реду и у трећем између пете и шесте је празан простор који није последица спонтане редукције исказа већ хотимичног изо-

начин, утисак несигурног, анксиозног, анархичног, вртоглавог и хаотичног, прерастају у своју супротност након прочитане песме.

Деструкција и аритмија речи

Негришорац се није зауставио на разарању реченица и стихова, већ, у књизи *Земљопис*, ломи, дели, цепа и доводи у питање ону последњу и прву градивну јединицу песничког текста – реч, што је заиста ретко и зачудно. По аналогији се може претпоставати да је језички хаос еквивалент и пандан хаосу света; да одсуство конструктивних лексичких начела и принципа (чија је последица разградња реченица) одговара архитектури стварности и свакодневице, а да разградња саме речи није ништа друго до слика у огледалу постојеће фрагментације друштва. Сем тога, знаковни системи различитих и необичних врста постају основ и услов продукције неоавангардног текста у српској неоавангардној поезији.

Употребом великог слова унутар речи Негришорац твори две или три речи. Значи првобитну и новодобијену или новодобијене. Али, треба напоменути да песник није разграђивао речи по типу њиховог формирања у сложенице, већ неочекивано, па и зачуђујуће. У сваком случају необично. На пример, реч љуби се трансформише у љУби одно-

---

стављања појединих речи у циљу трагања за смислом у одсуству речи и смисла.

О значају ћутње, па и прећуткивања, недвосмислен је Негришорац и у каснијим књигама (нпр. *Везници*):

> Ако сам ишта, за све
> ове године, научио,
> научио сам се трпкој ћутњи
> из које грана се раскошно дрво мимозе
> што цвета у понекој строфи
> где тихи нас чека судњи час.

сно у љуби и уби. Следећи су примери: јеДан, виноГрад, шарГаРепа, расКошНије, бисКвит, окУлар, елабоРат, поСета, поБедник, сумРак, бРод, простРана, гУбица, кРај, судБина, уЛични, прораЧун, лаТица, гРобови, издУбити, свиРај, вОда, пРедак, утРоба, отВарај, паХуље, жеДно, узаЛуд, уЛаже, уСтав, квоРум. Исти ефекат и резултат Негришорац постиже поступком болдирања појединих везаних слова у једној речи творећи две или више речи. Најилустративнији је пример у песми: *Ован/предводник. Неслана шала*: буп*н*ула, загледана, велико, кле*п*етуша, излила, шар*г*арепа, *г*ризе, ломача.

Било је бројних покушаја од стране критичара да дешифрују и систематизују велика слова унутар текста и да демистификују тај богат инвентар микропесничких постулата у Негришорчевим додатно усложњеним текстовима песама. Међутим, делим мишљење са оним критичарима, који рецепцију Негришорчевог оригиналног правописа (надам се да је то и његова накана) тумаче као поливалентну и зависну од сензибилитета читалаца, понаособ. Значи, да није агресивна и експлицитна; да није сугестивна по сваку цену, већ да је у правом смислу речи отворена за сваког читаоца и да је њена трајна карактерна одлика променљивост.

Читљивост на нивоу појединачних речи (нпр. великим словом порођених речи из изворне речи) не доноси решење Негришорчевог ребуса. Штавише, оно се, као и очекивана семантика, упорно и успешно крије. Али се у даљем разграњавајућем току песме и у вртоглавом језичком ковитлацу[167] ипак умногостручује и може се приказати читаоцу или критичару једино кроз врло комплексне унутартекстуалне асоцијације, које Негришорчева пе-

---

[167] Саша Радојчић, *Ништитељ и видилац*, у књизи, Иван Негришорац, *Прилози (Изабране и нове песме)*, Orpheus, Нови Сад, 2002, стр. IX

сма постиже рачвањем неколико значењских склопова[168], благодарећи и осамостаљивању словних знакова и делова речи, али унутар песничког текста.

Амбиваленција текста могућа је по примеру песника у опиту са разломцима. Наиме у једној речи једно слово је замењено цртом-разломком а изнад и испод ње су понуђена два различита слова односно два потенцијална решења. Ево неколико примера без коментара :

```
    м      л       п     д
пес-ицама, -удница, -роза, -уша.
    н      с       г     с
```

```
                          а е
Ево и примера са два разломка: з-м-ница.
                          е у
```

У песми *Програмска квочка. Петак*, евидентна је микстура оба примера деструкције речи (и велика слова и разломци):

```
      ш
   мирИ-ем.
      т
```

---

[168] У помоћ ћу позвати промишљања Тидодра Росића у књизи *О песничком тексту*, о комуникацијским интенцијама и о конверзацији структура песме, који је апсолвирао став руских семиотичара да је текст као комуникацијски акт неодвојив од структуре појединих његових сегмената (јединица) и од његове организације. Значи, при анализи књижевноуметничког текста, битно је вредновати и унутартекстуалне и вантекстуалне везе. Поједини теоретичари изједначавају текст и унутартекстуалност, јер фрагментован и разгранат унутартекстуални ниво песме изграђен од мањих значењских, лексичко-аритмичких, графичко-визуелних прилога структурно и ипак функционално умрежених сегмената (какво је и Негришорчево песништво) бива контекстуализован. Дакле, текст је њихов контекст, односно унутартекстуалност је контекстуалност.

Иако су Негришорчеву приврженост наслеђу истраживања и лексичким иновацијама, поједини критичари окарактерисали искључиво као деконструкцију, песник успева да укрсти додирне потенцијале језика и смисла, искључујући сумњу у стабилност речи као знака способног да посредује сваки смисао.

Графичковизуелне иновације

Песник Иван Негришорац, опредељен за иновације и непомирљив према конвенционалном и тренутном, остао је доследан и у књизи *Топло, хладно*. Заправо, разградња Негришорчевог стиха (заградама, маргиналијама, болдираним словима, графичким и визуелним интервенцијама, хотимичним правописним грешкама) не представља само упозорење о угрожености комуникације речима и/или текстом, већ и доминантно присуство фрагментованог и дехуманизованог света. Наиме и песник и човек су умрежени у вртлогу алијенације и деперсонализације у виду кавеза или заграда, између којих, у семантичкој сфери, постоји знак једнакости.

Када су заграде у питању, евидентирамо три Негришорчева начина њихове употребе. У првом, као што је то у песмама *Гле, Barcarola* и *Петар Пан, Пинокио*, песник у заграде настањује фрагменте стихова, па и речи. Фактички их издваја из основног текста песме. Песма у заградама је истовремено и самостална, али и део изворне песме. На пример, у песми *Barcarola* песник је издвојио следеће речи у облику и смислу стиха:

... тело... на петељци... виси...
... осмех... сне... уби...
... Меридијан... не да... крпењачу... видети...

Међутим, заграде попут оних из стрипова, устремљују се на поједине речи као потенцијалне говорнике, те новостворена песма може изгледати и као низ драмских дијалога или монолога :

чун: ... тело... на петељци... виси...
ђаволчић: ... осмех... сне... уби...
дан: ... Меридијан... не да... крпењачу... видети...

Очигледно да овакав амбивалентан однос издвојених песама у песмама реализује интертекстуалност и потенцира рубни потенцијал језика и смисла[169].

Други модалитет графичког издвајања тачније омеђавања појединих речи које чине и независан стих као и овог пута, неизмењен део песме, очит је у песми *Стрма раван*:

... Карфиоли свих земаља,
скупите цвасти...
... Много трпних инфинитива
под кожом шашкољимо...
... Тамо сам где печене
шеве у уста долећу...

Али, и њих можемо, по сугестији Ивана Негришорца, транспоновати у позоришне инструменте:

гуштер: ... Карфиоли свих земаља,
скупите цвасти...
Страх: ... Много трпних инфинитива
под кожом шашкољимо...
срце: ... Тамо сам где печене
шеве у уста долећу...

---

[169] Богдан Поповић, *Откључани језик,* у књизи, Богдан Поповић, *Песници и критичари,* Просвета, Београд, 1998, стр. 201.

али са потврдом да се истовременом разградњом основног песничког текста недри и формира нови или паралелни сегмент текста близак метатекстуализацији укупног текста, што наглашава дискретни суд да је Негришорчев песнички језик истовремено и конструктиван.

У песми *8,7* (наслов јој наликује одбројавању уназад) Негришорац заградама одваја претходне цртицама изломљене речи које добијају призвук одјека, чак и из дечијих аритмичних песама (нпр. „одмерити (рити-ти)... чекају-ћи (ћију-ћи)... дробилице (лице-це)... дроб (роб-об)... скрив-ам (крв, вам)").

Није Негришорац одолео да у својим трагањима за песничким инструментима не отвори простор песме и визуелним знаковним обележјима (пример су аудиовизуелне песме: *Завесе, трепавице, облаци* и *Описно труње*), уз напомену да није једини Негришорчев циљ – стваралаштво без граница и валоризација језичких подсистема, већ и семантичко усложњавање песничког текста и комуникација различитости у духу концептуалне уметности.

Маргиналије

Негришорчевој намери да се досегне међутекстовност и метатекстуалност као помоћни инструментаријум су и маргиналије, нарочито у књигама *Топло, хладно* и *Хоп*.

Иначе, маргиналије, одавно познате литератури, јесу белешке исписане на рубовима или са стране рукописа или текста. Иако маргиналије у ширем смислу означавају све оно што је узгредно, мањег значаја и по страни у неком ширем тексту, Негришорчеве маргиналије су место где основни текст и забелешке комуницирају међусобно. Негришорчеве маргиналије су локалитети где се додирују рубни потенцијали и где се текстови прерушавају, а уз обавезну иронијску дистанцу и умножавају, преображавајући се у квалитет међутекстовности или метатекстуалности.

У Негришорчевим песмама *Еци йеци, Муцају, дамари, Ић, Пусшићу брокове* и *Авгусш, глуйи. Да, да, да* маргиналије су вертикално постављене уз текст песме, али нису униформне. У другој и четвртој наведеној песми су у виду једне маргиналије, док су у осталим песмама дво и троделне маргиналије. Песма, пак, *Ић* је конституисана од три цртама одвојена сегмента, које прати по једна маргиналија, успостављајући на тај начин и дијалог, али и везу за будући метатекст. У овим примерима, маргиналије су обично сублимисани оригинални стихови односно поенте, али и цитати из литературе.

Књига *Хой* садржи песме *Ћу, ћеш, ће, Доле йоезија, Несиш* и *Техничка ойомена: израшшај за нарашшај* у којима су разуђене маргиналије паралелне са текстом песме допуњујући се међусобно. На пример у првопоменутој песми стихови који одражавају претећу и блиску хорор фантастику из прошлости:

> ... Колико имаш
> вилица, нек
> мисле Сме ли се тек
> тако : вилењаци,
> патуљци Хиљаде, виђао сам :
> босоноги, на берзама Дувају,
> у шаке ...

успостављају контакт са паралелном маргиналијом, аналогном са тематиком основног текста песме:

> Кажем, ето,

> скровити сугласници
> да звекећу:
> шуме ушима
> анђели
> без криоца,
> куси.

А на самом почетку песме *Несиш* текст песме и текст маргиналије заједнички граде слику митолошког бића из наслова („подлаци планински : главињају рукавицом, по шестоугаоном напрстку" и „зини, покажи зубе"), док су у песми иронично интонираног имена *Техничка ойомена : израшшај за нарашшај* маргиналије у виду коментара („речи падају гњиле"), често и саркастичног („чудна ми чуда").

Негришорчеве песме *Ја, ши, он, ?* и *IN / RI* поседују два равноправна текста по броју стихова, и то тако размештена да је у левом блоку песнички, а у десном текст маргиналије. Колика је њихова умреженост, илуструју сами Негришорчеви стихови:

Нису речи оно што говорим:	Тишина
има тупо сечиво	Пуца ми чело, крцка
Подлац стење и,	у мрачној светлости
разрок,	где падају браде
цеди очињи сок	

као и следећи пример из исте песме *Ја, ши, он*, у којој и песму и маргиналију одликује заједнички завршни стих :

Дише и мљацка	постаје ваздушна кула
са хиљаду језика	што врело досипа уље
у ждрелу:	низ млечеви врат:
свет разлио се	у непромочиву мараму
у тачку,	којом покривају лице,
посмртну маску	

иако друге две песме карактерише заправо постојање две паралелне песме у једној песми, без, на први поглед, значајне аналогије и заједничког именитеља када је тематско опредељење у питању. Док су почетни паралелни стихови песме *Честитке, поздрави* из књиге *Абракадабра* еквивалент двема песмама на исту задату тему:

Умео си,	Ширину видети
очима, лево	као ширину, дубину као
и десно, умео да спајаш	дубину: мудро је!
стране света	

али о чијој унутартекстуалној конверзацији нема сумње.

Есеји у стиху

И песник Иван Негришорац, као легитимни представник неоаванагарде, понавља усуд својих авангардних праотаца када осете свој „изам" као довршени историјски поступак, а то је – почетак од радикалне деструкције, а завршетак у предлогу властитог поетског модела[170] (мисли се на Негришорчеве књиге: *Абракадабра* и *Везници*). Али ни у том свом аутентичном поступку – без лишавања еруптивне „страсти за алтернативним формама живота", па и формама песништва. Једна од тековина неоавангардизма у књижевности су есејистичка промишљања уобличена у стихове (нпр. есејистички спев *Неочекиван човек* Војислава Деспотова). Тако и већина песама из ове две књиге стихова Ивана Негришорца, задржавајући своју

---

[176] Михајло Пантић, *Иван Негришорац: Хладна страст*, у књизи, Михајло Пантић, *Нови прилози за савремену српску поезију,* „Григорије Божовић", Приштина, 1994, стр. 176.

изражену фрагментарност, временску транспозицију и критичарско-ироничан став и према историји („Одавде до Косова равно ми је! Оданде већ није, тамо мртви неки кнез (да ли?) спремио синдикалну вечерицу и с два-три сендвича у акташни благослове дели печалбарима") и према збиљи („Ништа нас не може спасти, али говор о томе да спаса нема још пружа топлу наду"), заправо су есејистички радови написани у стиховима. Тачније есеји у псалмима, по облику и садржају.

ПОЕЗИЈА САШЕ РАДОЈЧИЋА ИЗ САМЕ ТИШИНЕ

Ко успе да проникне тишину и дозове је њеним правим именом, тај је постигао највише што смртан човек може постићи. Она није више за њега ни хладна ни нема, ни пуста ни страшна, него му служи и налази му се у свакој невољи, као оном јунаку из народне песме вила, коју он ухвати за косе и посестрими и обавеже заувек. Ко успе да загреје и оживи самоћу, тај је освојио свет.

Иво Андрић[171]

У бројним људским делатностима, независно од простора, времена и језика, у којима битну улогу имају или су имали звук и говор, иста или слична припада(ла) је и тишини (одсуству звука) и ћутању (одсуству говора). Тако је било одувек. Али, то што тишина није довољно истражена, нарочито, није систематски обрађено њено присуство у књижевности и филозофији, није знак њеног објективног неприсуства, већ пре њеног опирања дефинисаном присуству[172]. У супротном, не би преживела или би била толико маргинализована да би данас била у измаглици недоступности.

Разлог зашто је таква судбина тишине можда је у значају и априорном прихватању звука, почев од стране човека првобитне заједнице, који се звуком, у току колективног обреда и транса, бранио и скривао, молио и туговао, предвиђао и наивно оче-

---
[171] Иво Андрић, *Знакови поред пута*, *Сабрана дела Иве Андрића*, Свјетлост-Сарајево, Младост-Загреб, 1977, стр. 39.
[172] Владислав Бајац: *Границе тишине: скица за портрет*, у књизи, Елис Борчард Грин, *Филозофија тишине*, Геопоетика, Београд, 2001, стр. 207.

кивао. И такав заштитнички образац, у који се није сумњало, преносио се са генерације на генерацију. Тек је урбана цивилизација оплодила звучни екстрем – немушту и заглушујућу буку, као синоним токсичног и инкомпатабилног за човека. Оваквом постулату противи се памћење нашег језика, јер су речи тишина и ћутање односно њихове модификације врло старе и бројне. Српски, односно словенски језици поседују завидне и богате синониме за тишину и ћутање (мук, тајац, шутња, станка). Међутим, оно што је још занимљивије, јесте податак да српски језик разликује тишину (одсуство звука) од ћутања (одсуства говора). Ова разлика је присутна и у немачком језику (Schweigen – Stille)[173], док је у француском, енглеском, шпанском и италијанском језику нема.

Још једна отежавајућа околност у проучавању тишине јесте својеврстан парадокс. А то је да се тишина у књижевности, за разлику од филма, позоришта и музике, изражава управо речима односно одсуство звука се приказује звучним феноменима. И у сликарству је проблем тишине комплексан, јер на сликарским платнима влада тишина, док се за звуком трага у живим бојама и живахним покретима кичице.

И у табуисаним говорима примитивних народа евидентна је, упркос томе што је намерно или подсвесно превиђана, моћ тишине да наговести, да наслути, да предвиди, да у ваздуху оцрта и да подразумева она стања духа, која би говор конкретизовао и умањио им значај. Зато је мистерија тишине, иако у функцији помоћног средства у заштити обреда, заузимала узвишено место, недодирљиво и застрашујуће, и бивала привилегија појединаца.

Антички филозофи су размишљали о значају тишине и ћутања, пре свега у процесу сазнавања.

---

[173] Радивоје Константиновић, *Истраживање тишине и други огледи*, СКЗ, Београд, 1995, стр. 7.

Питагорејци[174] и стоици, препоручивали су својим следбеницима уздржаност од говора и савршену тишину, као један од предуслова у проницању не само најсложенијих теорема, него и збивања из непосредне околине. Такав статус тишине и ћутања, не као циља, већ као средства за његово откривање, задржао се у филозофији до данас.

Посебан значај тишини и ћутању придавале су све монотеистичке религије: јудаизам, хришћанство, ислам и будизам. Тишина је наиме онај битни предуслов молитве, када појединац покушава да ступи у контакт са Богом, јер „религија заправо значи повезује (човека са Богом)"[175]. Истовремено је прави подвиг отићи у пустињу и „тиховати". Примери исихазма су више него убедљиви. Мојсије, Исус, свети Сава. И данас га често понављају монаси-анахорети.

У књижевности XIX и XX века тишина је већ значајно коришћена као изражајно средство, а у савременој психологији и филозофији као и лековито, неопходно да се оформи извориште из којег се црпи снага на одговарајућем уочавању и дефинисању извесних појмова, те се тишина у дубљем мисаоном нивоу доживљава више као мост или канал ка извору, него ли као сам извор[176]. Она је као нулти степен звука присутна у делима Киркегора, Паскала, Бодлера, Флобера, Валерија, Едгара

---

[174] Зато нас не чуди податак да је Питагора јунак Радојчићеве *Песме која се понавља*.

[175] Ово је оправдана опаска Саше Радојчића приликом критичког приказивања књиге песама *Везници* Ивана Негришорца, коју преузимам, као и Радојчићев стих: „што путник открива сем сопственог лика", за илустрацију истине да ствараоци пишући о другима ипак пишу и о себи. Јер је и Михајло Пантић тон Радојчићевих песама окарактерисао као древну пасивност лиричара који опажајући свет разговара са Богом, без претензија да га замени и наследи.

[176] Елис Борчард Грин, *Филозофија тишине*, Геопоетика, Београд, 2001, стр. 73.

Алана Поа, Ламартина, Сена Џона Перса, Волта Витмена. Код нас је Иво Андрић свакако најстраснији истраживач и привреженик тишине и ћутања, које су му омогућиле, не само као оквир драмске радње, већ и кроз драмску тензију, да препозна и открије све оне запретене и заумне сфере и усуд појединца заточеног у „тамном вилајету" између прошлости и садашњости, сна и јаве, светла и мрака, Истока и Запада, личног и општег. У поезији Стевана Раичковића тишина није негација језика, већ један од доминантних слојева његове структуре, са задатком да одсуство звука и говора не само дочара звуком и говором, него да се тонским и смисаоним нијансама речи, тишина сугерише и досегне. Дакле, да се присуством обухвати и одсуство[177]. И песник Саша Радојчић је одан тишини и ћутању, који су уткани у готово све његове стихове, и постали његов заштитни знак када је реч о песничком поступку, аутентичном свакако.

На питање која су то обележја тишине што су је учинила доступном и присутном у вековима прогреса, науке и технике, један од одговора би се могао пронаћи у њеној гностичкој функцији.

Очито да свака промисао захтева одређен временски отклон, чије су карактеристике тишина и ћутање, за праву процену свих актуелних фактора и за детерминацију кључних узрока, као и последица. Тако се целокупна енергија посматрача са дистанце концентрише у средишту његовог бића, да би касније неопходно померала границе не само унутар, него и изван. Значи, размишљање је прелиминарни облик, али и одлика, тишине[178], чији је основни циљ протекција конструктивности и потентности поје-

---

[177] Предраг Петровић: *Тишина у Раичковићевим песмама*, у зборнику, *Стеван Раичковић, песник*, Народна библиотека „Радослав Весниć", Краљево, 2001, стр. 62.

[178] Елис Борчард Грин, *Философија тишине*, Геопоетика, Београд, 2001, стр. 23.

динца и инхибиција његове дисперзије на пролазне и ефемерне представе („не казати име // него учинити саму ствар блиску / и дубоку. спустити се у понор / или се успети на кров света").

У истом контексту је и важна двострукост тишине односно две њене улоге које се настављају и прожимају међусобно. Једна се огледа у апсорбовању новог искуства и знања као значајне референце, док се друга препознаје у прикривању онога што би се извитоперило када би било непосредно речено или очима поверовано или уопште прихваћено. Јер оно што песника окружује може се преточити у визију тек када не буде у стању да се види или чује. Истоветан је концепт тишине као извора спознаје не само када је реч о природи, него и за оне „више" појмове недоступне нашим чулима.

Ипак, песници, међу њима и Саша Радојчић, свесни су могућих странпутица приликом удаљавања од предмета истраживања. И све више потенцирају доктрину савремене психологије која суди да се свет може спознати само уколико је повезан са свешћу истраживача, у овом примеру песника. Значи, оно што знамо одређено је оним што јесмо. По принципу аналогије је и Берђајевљев став – „споља из не-ја, коме ништа не би одговарало у ја, ништа се не може како треба схватити и спознати"[179], који недвосмислено говори да се песнику открива само оно што је у њему и што му је прихватљиво, јер само оно што се дешава у песнику или што му се може десити, има за њега смисао. Или пак по Радојчићу:

> ... још даље,
> да ми је допрети
> ....

---

[179] Николај Берђајев, *Самоспознаја*, Књижевна заједница Нови Сад, Нови Сад, 1987, стр. 131.

далеко од свега што сам
и што могу бити,
за оног иза, у њему,
још даље

што је, понављам, есенцијална и држива потреба да појединац у тишини упознаје и изграђује себе, не би ли, бар на тренутак, обезбедио присан однос са природом спознаје за којом трага, као што је у песми *Иди*: „иди, за трагом који једном остављаху и твоје стопе".

Тишина као амбијент песме

причао бих ти о тишини, о томе
како се ништа збивало није.
ти ме не би разумео,
требало би да прођу године
па да наслутиш
важност ћутања, одустанка,
храбрости потребне за постојање
у непостојању

Саша Радојчић, *Америка*

Алијенација, нихилизам, дехуманизација и фрагментација обележавају XIX и XX век и доносе вредносни систем у којем „надмоћност поседују они без срца" како је закључио Рембо. И у којем само ствари поседују вредност, док човек, сведен на предмет међу предметима, не само да је постао мрља међу другим мрљама која није спознала своју изворну боју или га уопште нема у самотним пределима или напуштеним градским улицама, по оцени Ернста Фишера[180], него се трансформисао до гротескне и апсурдне, с једне, и демонске при-

---

[180] Ернст Фишер, *О потреби уметности*, Минерва, Суботица – Београд, 1966, стр. 100.

роде, с друге стране. Очито да је Саша Радојчић принуђен да изгради свој одбрамбени механизам. Своју тишину и своје ћутање, који ни у хаотичном и растрзаном свету, нису једноставно „прибежиште" у смислу бекства нити игнорисање околине, већ много више од тога.

На који то начин песник успева?

Пре свега, повлачењем у себе, песник наговештава свесно одвајање од насртаја и пријемчиве снаге свакодневља, али истовремено и онемогућава препуштање случајности и повлађивање тренутним интересима и поривима, који постају забрињавајућа одлика колектива, а чија је последица запуштена башта људског духа, сасушена и увела. Трачак светлости („негде можда још има сећања на светло које су просипали свеци") и кап воде неопходних да семе духовности проклија у песниковом „дворишту" управо обезбеђују прозвано повлачење у себе и „тиховање".

Осим тога, за Радојчића, неопходно је постепено стишавање емоционалног подручја. Стишавање није површно и ефемерно, већ задире много дубље. У тајне и мистерије. У подсвесно. У свет потиснутих жеља и страхова. Нарочито у детињство. Зна Радојчић да неће регистровати чулима недоступне сензације уколико тишина и ћутање не прожму читаво његово биће. Зна Радојчић и за опасности које вребају, као што су хаотичне слике, превиди и неорганизованост постулата, упућених у мистицизам или апсурдност.

Песник Саша Радојчић нам јасно поручује да је тишином обавијен сваки аспект искуства, нарочито песничког, и то: од припрема за то искуство, преко стања у коме се оно остваривало, па до облика који то искуство поприма при покушају да се трансформише у речи.

Зато Радојчићево песништво тихе дискомуникације са светом и стожерима света[181], већинским делом, настаје устрајним, пригушеним и утолико сугестивним дискурсом, тако да читаоци све време ослушкују тишину и онострани, речима ненасељени простор[182]. Наиме, било о чему да пева Радојчић, па и о пролећу, потопу, очима, анђелима, сину, Атини, Америци, поезији, миленијуму, озонским рупама, пауцима, историјским личностима или о дворишту из детињства, нема ускличника и знакова узвика ни афективног поентирања; нема грча ни изненадне промене тонске одреднице првог стиха („што нечујнијег интензитета")[183]; нема значајне промене температуре песме ни убрзавања ритма песме; нема, дакле, других ставова у музичкој композицији изузев адађа, о чему сведоче наслови Радојчићевих књига песама као што су *Камерна музика* и *Елегије, ноктурна, етиде*, а нарочито истоимени циклус из књиге *Америка и друге песме* у којем доминирају обележја усамљености, као учестале болести нашег времена:

> ништа ново, ствари ћуте
> и не питају
> за здравље, али не говори
> ни твоја одсутност
> гласније од равнодушних предмета.

Дакле, у Радојчићевом песништву све је усаглашено и измирено међусобно. И атмосфера песме.

---

[181] Драган Хамовић, *За нову наивност,* у књизи, Саша Радојчић, *Елегије, ноктурна, етиде,* Народна библиотека „Радослав Весниh", Краљево, 2001, стр. 10.

[182] Михајло Пантић, *Саша Радојчић: Речи и ствари,* у књизи, Михајло Пантић, *Нови прилози за савремену српску поезију,* „Григорије Божовић", Приштина, 1994, стр. 198.

[183] Гојко Божовић, *Повратак стварима,* у књизи, Гојко Божовић, *Поезија,* Октоих, Подгорица, 2000, стр. 303.

И сви градивни елементи песме. И битна тематска упоришта. Чак и свакодневица („крхотине некадашњег света"), од које се песник упорно дистанцира:

> ... овде тако
> не бива. сва су јунаштва загробна.
> речи у калупу. ћути се. бива какав
> се само може бити. тихо. тих.

Штавише, тишина је и амбијент песме и драмски ритам песме. Заправо, тишина као услов за медитацију и стварање карактерише низање стихова. Песник се налази сам пред белилом и тишином празног папира, који треба населити речима. Ослушкује и истражује мук ноћи загледан у папир или у крајолик који пружа прозор („унутар четири зида / ти гледаш кроз прозор / и тумачиш спољашњи свет" или у следећем примеру – „ја сам прозор окренут ка врху. јутро. поглед који пуца са прозора"). Очито да песничка соба у којој се „могло опипати одсуство звука" односно песникова „одаја где се без иједног звука дозивамо и гледамо", трансформисана из амбијента песниковања у амбијент песме односно из „могућности"[184] песме у садржај песме, што у више наврата потврђује сам песник. На пример, у песми *Камерна музика*:

> ... нашем звуку
> су потребне границе, зидови ове собе,
> кожа овог тела. речи једног језика

док у песми *All you need is love* дефинише и њен значај и „прибежиште" („никакву сигурност. ван границе, собе, језика, тела").

---

[184] Бранко Миљковић: *Песма и смрт*, у књизи, *Сабрана дела Бранка Миљковића, књига четврта*, Градина Ниш, 1972, стр. 114.

Песник је спреман и одлучан на суживот са здруженом тамом и тишином, које бивају атмосфера песме. Сем тога, и само одсуство светлости асоцира одсуство звука, које се преображава у неутралну позадину песме, без бучности, без сеизмичких покрета и светлосних амплитуда. И којима се песник препушта:

>не могу се чути кораци, тако је
>надрасла бујица мрака.
>коме у глави мир, коме сан,
>ноћ је. све је у мраку свеједно
>све је не-дан.

Заиста у Радојчићевом миљеу, како сам суди, ништа „не може да наруши замишљени склад цртежа сазданог од таме" и тишине.

У прилог томе је и песников доживљај река. У једном је примеру то „река која иде стојећи на месту", а у другом – „мирне реке".

Чак и у стиховима о темама од којих се очекују раздраганост, афективност, топла сећања и гласнија интонација, као што је у песми *Април*, песник успева да увођењем упорне кише, уобичајене за тај месец, и Ничеове и Кундерине теорије вечитог враћања и понављања, у потпуности утиша песму у сплаварење управо по „мирној реци", а на крају песме као последица кише односно природне појаве са звучном манифестацијом јесте, опет, песникова усамљеност и тишина.

Равномерну и ритмичну тишину Саше Радојчића, испрекидану уједначеним звуком, одликују и емотивна неодступања или минимална померања од нулте линије. Тако да су пред нама елегије и баладе. Стихови меланхолије и носталгије. Песме бојазни и зебње. Циклуси отуђености и чежње.

Радојчићева лица тишине

> тишина би,
> неповратно изгубивши друштво,
> паучином смекшала углове
> и ћутала
> сама за себе
>
> Саша Радојчић, *Америка*

Иако је извориште тишине у песништву Саше Радојчића перципирано као гнев, бунт и револт на сивило свакодневице ("крхотине од којих се никаква слагаљка не слаже"), интонирано страхом од губитка прволиког ипостаса ("негдашњи облик ствари изгубио сам бирајући овај... ослонци које проналазим, само су утехе, изговорене, потом заборављене"); покушајима да се и песник и читаоци одупру данашњем забораву који наликује лави безобзирности ("лако је заборавити, лако се сетити, ствари су вечне и неме"); али и никако не прихватајући затечено, из чега следи песнички знак упозорења:

> натраг јер ми смо оно изгубљено
> и наш ће бити повратак.

Ипак траје питање да ли је Радојчићева тишина само одговор и мера безбедности против буке, хаоса, нихилизма и деградације, или је још нешто, што се може појаснити модификацијама кроз које тишина још увек достојанствено опстаје.

Уточиште од урбаног лажног система вредности и прибежиште од одсуства првобитне хармоније као што је код Русоа то био повратак природи, код Радојчића је то повратак тишини и свету тишине који је оживео сећања, што илуструју и стихови из песме *Ласшавицо*:

> ... планине се
> тање, језера пресушују, године
> су широки пут ка пропасти. срећна си

у мом дворишту, птицо. твоје потомство
не разуме светлеће шаре које ме
свег обузеше.

Оправданост оваквог поступка проналазимо и у Радојчићевој песми *Посматрач* („загледан одсад у другога а не у себе"), која наликује упамћеној Рембоовој игри речима: „ја то је неко други", која је метафора и песничког субјекта, као и тадашњег и данашњег положаја сваког од нас.

Тишина и ћутање су предуслови и за снове, у којима обитавају трајне вредности („отаџбина у облаку, спава, густ је њезин сан"), али и појединци („бар да се ниси пробудио. бар да си остао у искреном ћутању"), нудећи му, згранутом, безбрижност пред „изопаченим слављем... оцеубица, вадитеља очију, чупача језика", као што је у циклусу *Миленијум*.

Тама и тишина су амбијент и сведоци и узвишених осећања, на пример, прва љубавна осећања или тајне:

под манастирским зидовима чекају девојчице
успаљене мирисом и тамом. још сричу слова
                                       првих
песама. памтиш ли, само с једног прозора светли

и оне скривају лица кад гледају на ту страну

или пак фото-албум као временски детектор и врело меланхоличних успомена и опомена:

из албума, кутија,
из дубоких фиока
моја жена извлачи ожиљке у боји

и ређа их по поду.
нису то само године,
време кад били смо нешто млађи,

та сећања на лето!
на свет који немамо,
свет који нас више неће имати.

Поред фотографија, усамљеност има још једног саучесника против заборава – „то је књига / као створена / да те сакријем од света / / и сачувам" пева Саша Радојчић.

Тишина је и „тренутак као створен за исповест" и молитву. Штавише, док песник „ћути", чешће сам него у колективу, уочава „мудрост коју ваља записати".

Одсуство звука и говора су, по Радојчићу, и еквивалент емоција које изазивају језу у читаоцима. На пример, „у очима страх... исти гнев и немушта жеђ", а у наставку *Песме која се понавља*: „а ја ћу имати да се снађем / у нетом израслој празнини, / у стрепњи". Док у песми *Месечина* „зебњу наслућује шетач у топлој летњој вечери". Али, у тишини и мраку се и умире ћутке. Џелати муче жртве а затвореници губе вид. Ипак, у Радојчићевим стиховима мотив краја и смрти није доминантан. Иако је песму *Реквијем* могаоословити и као смрт (у њој „хладна земља зачас посрче срж из костију"), јер самртник „прикован за туђу земљу саставља причу", „о сећањима пореклом с пупка света и концем у иловачи". Песма *Тихо* започиње следећим стиховима:

па нека спакују ствари и крену
својим током, до старости у
помирљивом ћутању,

а завршава је већ цитираним: „тихо. тих." као синонимом краја и смрти.

Разлог разуђености смрти у Радојчићевом песништву, што није очекивано за песника за којег важи самодефиниција: „ноћ је његово време", можда откривамо у промишљањима да је могућ крај у симболима вечности, као што је камен. Не само онај необраћени, богат паганским предрасудама, нити само релативно или модерно обраћен надгробни камен, већ и онај прерађен у уметничко дело, било да је у храму или на тргу и независно од судбине коју може доживети попут *Растргнутог Диониса*:

> више пута сам умирао до сада
> и оживљавао друкчији и тврђи.
> сваки пут сам губио понешто важно
>
> од природе човека и бога и стицао
> одличја стене. вековима се претварам
> у кип, у симбол у храму, украс
>
> будућих нараштаја, скамењујем се,
> полако, као што планине зру и
> троше се, као што море стари и,
>
> губећи златан сјај, постаје плаво.
> златна су само још села на морским обалама
> и деца на жалу која ће ми одбити нос
>
> и уши, поломити удове, у име једног
> другог бога, који сваки пут кад умре
> све више постаје камен а све мање жртва.

Да је камен обележје непропадљивости потврђује још један Радојчићев стих: „писмена у камену крију", који асоцира и на почетке писмености и побожности. Али и на значај песничког чина у тишини, ћутању и преиспитивању о (не)пристајању данашњег човека, уз бојазан да се изневери првобитни образ:

> не знајући да је слика
> коју имамо о себи само одраз
> туђих хтења.

О АУТОРУ

Александар Б. Лаковић је рођен 1955. године у Пећи. Дипломирао је на Медицинском факултету у Приштини (1980) и специјализирао интерну медицину у Београду (1988).

Објавио је следеће књиге песама:

Ноћи (1992), *Заседа* (1994), *Повратак у Хиландар* (1996, и 1998), *Дрво слепог гаврана* (1997) и *Док нам кров прокишњава* (1999), као и књигу есеја *Од тотема до сродника* (2000).

Књига *Повратак у Хиландар* је преведена на енглески језик и објављена под насловом *Return to Chilandar (Serbian literary company, Toronto, Canada*, 1998).

Живи и ради у Крагујевцу.

Фотографија
НЕБОЈША РАУС

САДРЖАЈ

Попини цитати и позајмице из митологије 5
Сугестија Борислава Радовића................... 28
Еуфонична и игрива понављања у поезији Алека
    Вукадиновића............................... 47
Читаоци се препознају у (ауто)иронији Матије
    Бећковића.................................. 74
Парадоксална метафоричност Душка Новаковића . 95
Енергија језичког кода Новице Тадића 114
Игра као темељ слободе песништва Војислава
    Деспотова 132
Петровићеве фусноте у функцији
    (мета)метатекста........................... 156
Дух хумора као жртва Миодрага Раичевића....... 177
Никола Вујчић између речи и ствари 198
Негришорчева страст за алтернативним
    формама................................... 218
Поезија Саше Радојчића из саме тишине.......... 238

О аутору....................................... 253

Издавачко предузеће
РАД
Београд, Дечанска 12

*

Главни уредник
НОВИЦА ТАДИЋ

*

Рецензент
ГОЈКО БОЖОВИЋ

*

Лектура и коректура
МИРОСЛАВА СТОЈКОВИЋ

*

За издавача
СИМОН СИМОНОВИЋ

*

Штампа
Спринт, Београд

Тираж 400

CIP – Каталогизација у публикацији
Народна библиотека Србије, Београд

821.163.41.09
821.163.41:929

ЛАКОВИЋ, Александар Б.
    Токови ван токова / Александар Б. Лаковић. – Београд : Рад, 2004 (Београд : Спринт). – 257 стр. : ауторова слика ; 21 cm. – (Знакови поред пута)

Тираж 400. – О аутору: стр. 253. – Напомене и библиографксе референце уз текст.

ISBN 86-09-00851-7

а) Српска поезија – 20в б) Песници – Србија – 20в

COBISS.SR-ID 113762060

www.ingramcontent.com/pod-product-compliance
Lightning Source LLC
Chambersburg PA
CBHW062156080426
42734CB00010B/1708